CATARSES CRÔNICAS

Vânia Gomes

CATARSES CRÔNICAS

1ª Edição
POD

KBR
Greenville
2016

Coordenação editorial **Noga Sklar**
Revisão de texto **Noga Sklar**
Editoração **KBR**
Capa **ADC (authordesign.co)**

ISBN **978-1-944608-41-5**
ISBN ebook **978-1-944608-42-2**

KBR Editora Digital Ltda.
www.kbrdigital.com.br
www.facebook.com/kbrdigital
atendimento@kbrdigital.com.br
55|21|3942.444

LCO010000 - Crônicas

Ao Beto, com amor.

Sumário

Apresentação • 9

Como vim parar aqui? • 11

Presente de grego • 15

Mineiridade • 19

A gente (quase) sempre se entende • 21

Cantadim • 25

Ainda existem heróis? • 29

Herança • 33

Férias no Brasil, só para os fortes! • 37

Em Brasília, 19... semanas • 41

Reflexos • 45

Palavras que a História eterniza • 49

Do reumatismo à fragmentação do
     pensamento • 55

As mulheres que os homens amavam • 59

Sinto vergonha, logo existo • 63

Nossos líderes, nossa História • 67

Atualizando Drummond • 71

O obscurantismo vai à escola • 75

Sobre rótulos e preconceitos • 79

Feriadão de páscoa? • 83

Santas ou putas, quem nos julga? • 87

Do sufrágio feminino à lei do feminicídio • 91

Trezes e trezes • 95

Vanitas vanitatum et omnia vanitas • 97

Está tudo errado! • 101

Dicotomias contemporâneas • 105

Pequenas alegrias cotidianas • 109

O ranço da escravidão • 113
Amizade no século XXI • 117
Barry Gibb: estudo de caso • 121
Amor, interesse e baixaria • 125
Tenebrosi temporis • 129
Atentado contra a felicidade • 133
Quem ousa inovar? • 137
Arte genuinamente brasileira • 141
A ciência explica tudo • 145
A sociedade sob o impacto da internet • 149
Amigos, vigiai! • 153
Filosofia de quinta • 157
Qualquer um • 161
De vampiros e bruxas • 165
Reflexões de vida e de morte • 169

Apresentação

Um dos maiores desafios desta dura vida de editora é conseguir "adivinhar", com considerável antecedência e boa dose de transcendência, que livros e que autores poderão potencialmente cruzar a almejada (e raramente alcançada) linha de chegada do sucesso editorial.

As barreiras são muitas, muitas delas imprevisíveis. Tal feito pode depender inclusive de flutuações políticas, econômicas, e, hoje em dia, até do modelo de hardware mais em voga para se ler um livro digital.

Há, porém, uma verdade perene, que ao menos tem persistido com bastante consistência: enquanto a escrita diária, o exercício, a prática literária, podem, com certeza, ser estimulados, não há como discutir que sua base concreta é inata, isto é, nasce com o indivíduo e dele ninguém a tira.

Trata-se do "talento", meus amigos.

Embora muitas vezes, vamos combinar, esse tal talento possa estar escondido sob uma montanha de hábitos e limitações, ou deslocado numa profissão previamente escolhida, ou ainda tolhido por timidez, hesitação e outras habituais aporrinhações do emocional humano.

Cabe ao editor, portanto, "minerar" tais gemas raras em seu estado bruto, para em seguida tentar lapidá-las como puder com o declarado objetivo de algum dia cravá-las no pódio literário.

Como editora, honestamente, não posso alardear mais do que alguns poucos sucessos comerciais. Mas me orgulho, com toda certeza, de ter criado o maior e mais significativo "celeiro" de cronistas dos dias atuais. E autorais.

E neste celeiro, Vânia Gomes brilha como uma pedra de alto quilate.

Para ser franca, não desenvolvi nenhum método em especial. Apenas deixo a intuição rolar, e entre os romancistas e contistas recebidos com carinho na Família KBR, deixo que se destaque o "jeitinho de cronista", que fica ainda mais refinado quando a ele se junta o estilo "mineiro" de ver a vida.

Pois, como se sabe pela história literária do nosso Brasil, nossos grandes cronistas, sejam eles cariocas, paulistas, ou, como no caso da Vânia, brasilienses por opção, compartilham uma certidão de nascimento emitida em Minas Gerais, *sorry*, periferia.

E assim apresento em primeira mão, e com indisfarçável satisfação, um de meus maiores sucessos editoriais: ter descoberto na contista Vânia Gomes uma cronista de mão cheia.

Vânia se revelou não apenas talentosa, mas também disciplinada e fiel, qualidades ainda mais difíceis de se encontrar numa profissão que prima pelo processo caótico de criação, mas que num cronista são essenciais. Afinal de contas, sua aproximação com o público se faz de maneira muito pessoal, marcada, não apenas pela graça e intimidade cotidianamente reveladas, mas pela constância na publicação.

Acham pouco? Experimentem então o desafio de escrever algo diferente e tocante toda semana, semanas a fio! E superando-se a cada crônica publicada!

Agora, com vocês, sem maiores delongas, o prazer inenarrável de conhecer e se aprofundar na deliciosa (e nem por isso menos reflexiva e contundente) prosa de Vânia Gomes.

Boa leitura *procês*.

Noga Sklar

Como vim parar aqui?

Nasci em Belo Horizonte, numa primavera dos anos 1970, primeiro decanato de escorpião. Sim, sou má por natureza, devoção, adoração, amor... ódio. Fui a primeira de três filhos, mas a décima sexta de trinta e cinco netos. Não fosse o fato de ter sido também a primeira a nascer em Belo Horizonte, não teria tido um só dia de mimo. Passaria todos os meus dias esquecida e misturada no meio da meninada na roça.

Ah! Podia ter sido assim desde o início! Cresci numa casa grande, boa, mas grande e bom mesmo era o nosso quintal: três lotes ao redor da casa, com horta, pés de frutas, bichos de estimação e de alimentação (tínhamos um galinheiro e chegamos a criar um porco, o Bartolino, para consumo próprio), taturanas, mandruvás, lacraias, aranhas e até umas cobrinhas inofensivas. É que meu pai saiu da roça, mas a roça nunca saiu dele.

Nas férias, ia pra roça de verdade, com mais pés de frutas ainda, uma horta maior, plantação de milho e feijão, mais bichos de estimação e de alimentação (com direito a leite ao pé da vaca), quitandas deliciosas, doce de leite feito em casa, um pasto inteiro e enorme para descer numa casca de árvore (que adaptamos como carrinho de rolimã rural, a nossa "canoa"), um rio no quintal só nosso, cavalo, pescaria, futebol, pique de lata, luta bezerro-erro-erro, cocô de vaca e o mais importante: uma porção de primos. Inventávamos moda até nos dias de chuva, quando não dava pra nadar, nem pra pescar, nem pra pique de lata. Criatividade para brincadeiras, teatrinhos e muita diversão nunca faltou.

Estudei do pré-primário até a quinta-série numa escola de padres; depois passei no meu primeiro "vestibular" e estudei num colégio municipal até o terceiro ano científico. Ai, que saudades do Colégio Marconi! Até hoje tenho contato com alguns colegas e professores e mantenho amizade com a Lia, minha melhor amiga da época. Passei no vestibular de verdade da PUC-Minas, onde me formei em Ciências Biológicas. Fiquei na dúvida se prestava vestibular para biologia ou letras — sempre amei ler e era boa de português —, mas tantas aventuras com seres vivos me fizeram pender para o lado bio. Fiz um mestrado na UFMG e, aos 26 anos, me mudei para Brasília com uma bolsa de estudos. Rapidinho fiz um concurso público, passei e desde 2003 sou servidora pública federal.

Em 2005, conheci meu marido. Começamos a namorar no início de 2006 e nove meses depois não nasceu ninguém, mas resolvemos viver juntos e assim estamos até hoje. Confesso que um casamento (ou *juntamento*, como diria minha avó) não é fácil para uma escorpiana intensa como eu, mas admito que deve ser bem mais difícil para o meu parceiro. Só posso concluir uma coisa: ele gosta de mim pra valer!

Gosto de viajar de férias e detesto viajar a trabalho, mas às vezes até vale a pena. Uma vez estive no Panamá para fazer um curso com colegas de toda América Latina, e descobri que nós, os brasileiros, somos os mais amados, e os argentinos são os mais odiados. Ganhar da Argentina é sempre bom!

Sempre gostei de ler, desde pequena. Leio bastante, de bula de remédio a classificados de jornal, de livros ruins a clássicos da literatura universal, de previsão do tempo às últimas novidades da biotecnologia, de revistas de fofoca a artigos científicos (de biologia e ciências sociais; não sou capaz de entender física quântica, por exemplo). Também sempre gostei de escrever, mas somente há poucos anos comecei a poetar e a guardar as histórias que rondam a minha cabeça. Este é apenas meu segundo livro publicado; o primeiro foi de contos, *Histórias do Vaticano e Outros Contos*.

Amo escrever e sei que posso realizar mais. Por prazer, pela cultura, pela arte. Pela minha família, pelo bem comum, pelo meio ambiente. Não tenho a pretensão de conquistar cristãos e mouros; quero somente deixar meu recado e, quem sabe, fazer alguém pensar, mesmo que seja diferente do que eu penso. A palavra tem poder, como dizem por aí, e quero fazer uso desse poder por meio da escrita, com opiniões, histórias e um pouco de lirismo. Quero usar este poder para contribuir, nem que seja só comigo mesma, afinal escrever é também um exercício de autoconhecimento. Quero exercer minha liberdade, mas com responsabilidade, pois tenho ferramentas poderosas em minhas mãos: a palavra e a internet. Apesar de ser escorpiana-má-desconfiada, a vivência cristã que procuro levar me ajuda a prezar o bem-estar do próximo.

Ufa! Acho que deu pra ter uma ideia de como cheguei até aqui. Às vezes, penso que fui longe demais, mas quero seguir adiante. Estou apenas começando. Muito prazer, eu sou Vânia Gomes.

Presente de grego

Em um jantar com uma amiga muito querida, que é escritora e minha xará, Vânia Moreira Diniz, conversamos, entre outros assuntos, sobre o quanto gostamos de escrever e sentimos necessidade disso. E também sobre as dificuldades que muitas vezes nos impedem de dedicar mais tempo a essa prazerosa atividade.

Ultimamente, tenho me dedicado mais às crônicas, de vez em quando um poema ou um conto. Mas procuro escrever pelo menos uma crônica por semana, nem que seja só para o blog da KBR, do qual sou colunista às sextas-feiras, um dos meus compromissos mais importantes.

A crônica é um gênero genuinamente brasileiro, mas pode ser um tanto controverso. Há muitos estudiosos e escritores que afirmam que crônica e conto se confundem. Mas eu, que sou uma escritora iniciante e não almejo ser uma estudiosa do tema, sempre percebi uma diferença entre esses gêneros, muito embora em vários momentos me sinta confusa com tantas opiniões e com a diversidade de textos batizados de crônica. E também insegura, porque em geral a clareza acerca daquilo que pouco se conhece é uma das características mais marcantes dos ignorantes, e tenho plena consciência de minha ignorância em teoria literária.

Mas, enquanto leitora, vejo o conto como uma história, geralmente ficção, contendo personagens, alguma descrição de tempo e espaço. Já na crônica, se discorre *sobre* o tempo, *sobre* o espaço, *sobre* a realidade, e ainda se conta com a opinião do autor, sem personagens, sem grandes descrições. Tenho procurado escrever crônicas dessa maneira, porque também é como me identifico, discorrendo sobre o cotidiano, procurando algum toque de humor e bastante crítica.

Há quem pense que me exponho demais. Mas, vamos combinar, *todo* escritor, especialmente o cronista, se expõe. Então assumo: estou exposta mesmo e escrevo em primeira pessoa, ainda com certo receio, é verdade, mas me acostumo a cada dia mais com isso.

No início, essa maneira de escrever me expondo mexeu comigo, afinal tenho treinamento científico e tais textos devem, obrigatoriamente, ser impessoais. Mas, desde que fui convidada para escrever no blog da KBR, senti necessidade de intensificar minhas leituras com um olhar mais voltado ao gênero, me abstraindo algumas vezes do conteúdo. Concluí que há uma característica comum a todas: justamente que o autor se expõe. O estilo varia entre os cronistas, as ideias também; mas, invariavelmente, no meu quase desentendido ponto de vista, todo cronista está exposto. São ossos do ofício. Aceitei ser cronista, aceitei minha completa exposição. E aqui me encontro, escrevendo em primeira pessoa, contando para quem quiser ler estas minhas reflexões.

Certa vez, li uma crônica do genial Affonso Romano de Sant'Anna, publicada n'O Globo, em 1988, intitulada *O cronista é um escritor crônico*. É uma aula magna sobre crônica, um texto didático e muito reconfortante para todos que escrevemos crônicas. E é curto, com uma desenvoltura ímpar! Em seu texto, Romano é categórico: o cronista "pode (e deve) falar na primeira pessoa sem envergonhar-se. Seu 'eu', como o do poeta, é um eu de utilidade pública". Para ele, a crônica tem o poder de interferir na realidade. E ele pode pensar desse jeito, claro: seus textos têm longo alcance, são publicados em mídias vendáveis e de grande circulação. Romano recebe cartas de leitores que lhe contam as mudanças e impactos que seus textos provocaram em suas vidas.

Não que eu queira me eximir da responsabilidade sobre o que escrevo, de maneira alguma; mas não creio que meus textos venham a interferir na realidade de ninguém. Mesmo porque meu rol de leitores, realmente, não deve ser maior do que cinco, talvez quatro e meio, parafraseando a ótima Ângela Dutra de Menezes, outra cronista que gosto muito de ler.

Sempre que escrevo uma crônica penso no leitor e no possível impacto que possa trazer, mas admito que a escrevo muito mais para mim mesma do que para os outros. Procuro, sim, tomar cuidado para não ferir suscetibilidades, mas não deixo de manifestar o que me pareça necessário, porque é *minha* essa necessidade. *Como* se escreve, portanto, é tão importante quanto passar a mensagem, principalmente porque a maioria de minhas crônicas está exposta na internet.

Espero conseguir, pelo menos, sensibilizar alguns leitores acerca de minhas reflexões. Muitas delas são temas comuns do universo feminino, outras expõem minha visão sobre nosso país, nosso presente e futuro como nação, outras ainda discorrem sobre experiências que quis compartilhar. Mas todas, inexoravelmente, mostram minhas ideias e minha visão acerca de diversos assuntos. E essas coisas, como sabemos, podem mudar. Portanto, o que eu escrevo, está escrito, mas não está gravado em ouro, não está escrito em pedra, pois posso muito bem mudar de opinião. E não me envergonho disso; já tenho autorização do Affonso Romano de Sant'Anna para me expor sem sentir vergonha. E, portanto, estarão expostas, também, minhas mudanças de opinião.

Mas este texto aqui só vai ler quem tiver adquirido este livro. É uma das vinte crônicas inéditas que escrevi exclusivamente para esta publicação, uma maneira de presentear àqueles que me prestigiam tendo minha pequena obra em suas estantes (virtuais ou não). Mesmo que este seja um presente de grego.

Mineiridade

Mineiro que é mineiro tem história de roça, fazenda e quintal para contar; tem lembrança das riquíssimas quitandas, das tardes passadas nos pés de laranja, dos cantos estridentes das seriemas, do cheiro do café torrando e do sabor único da carne de lata.

Até Belo Horizonte, a imponente capital de Minas, quem diria, cresceu ao redor de uma fazenda: a Fazenda do Cercado. Depois do ciclo do ouro, todos os recantos de Minas voltaram sua economia para o comércio de gado e, junto com ele, todas as delícias de fazenda: o queijo Minas, os doces, a cachaça...

A nova capital se desenvolveu bem rápido, mas até pouco tempo atrás a meninada ainda podia desfrutar dos quintais com pés de frutas, das brincadeiras nas ruas, das invasões nos quintais vizinhos atrás da bola ou da pipa que teve a linha cortada. Dava para sentir na vizinhança o cheirinho do café recém-coado ou do bolo quentinho que saía do forno. Os portões estavam sempre abertos, e a criançada transitava livre de uma casa para outra, filando as gostosuras ou pedindo um copo d'água. O dia era curto para tantas invenções, brincadeiras e "artes". Ah! Como tudo isso era bom, mesmo com os joelhos ralados e as solas dos pés queimadas pelo asfalto! Assim foi a infância de muita gente nos anos 1980, na capital mineira. A minha, inclusive.

Casimiro de Abreu tinha toda razão: a aurora de

nossas vidas nunca volta, mas podíamos apreciar a aurora das gerações seguintes. Veio o século XXI e com ele mais gente para morar na cidade. As casas com seus quintais e galinheiros foram substituídas por prédios com garagem e portão eletrônico. As brincadeiras foram trocadas por aulas de inglês, natação, balé e jogos eletrônicos.

Onde estão as crianças? O máximo sinal que ouvimos delas é o choro de algum bebê com cólicas no apartamento vizinho. Menino não chora mais porque ralou o joelho e teve que passar o ardido Mertiolate. Não existem mais aquelas brigas por causa da pelada do fim de tarde, antes do banho: o *playstation* é, agora, o jogo dos sonhos, a diversão da meninada.

As mulheres não pedem mais uma xícara de açúcar que faltou para o bolo, nem levam mais um robusto pedaço para a vizinha que contribuiu. Mexericos, então, nem pensar, pois as vizinhas se conhecem só de vista, e na correria diária mal trocam um bom dia ou boa noite no elevador. Seria isto o reflexo do progresso?

Mesmo assim, com uma vida tão diferente da que tínhamos em um passado não muito distante, ainda guardamos nossa aurora em nossas lembranças. Sempre que possível, levamos as crianças à roça, para sentirem os cheiros, experimentarem andar descalças, subirem nos pés de frutas e apreciarem a liberdade. É um jeito de não deixarmos nossas raízes, nossa origem, o âmago da mineiridade morrer. Pelo menos enquanto existirem esses recantos perdidos no tempo, e a saudade dos tempos idos e daquela vida simples ainda insistir em nos visitar.

A GENTE (QUASE) SEMPRE SE ENTENDE

A fala do mineiro, sua maneira simples e, ao mesmo tempo, complicada de contar os causos é uma das características mais marcantes das Minas Gerais. Os diminutivos terminados em *im* (*amorzim*, *baratim*...) e os finais simplesmente ocultos, emendando uma palavra na outra (*caldifeijão*, *bodimii* [bolo de milho]; *essonspassavas* [esse ônibus passa na Savassi]), talvez tornem o mineirês a variação da "língua brasileira" mais difícil de compreender. Isso, sem falar no "trem"! Li uma vez que "o mineiro é, antes de tudo, um erudito": é o único tipo brasileiro que sabe utilizar corretamente esta pequena palavra. Não acredita? Pois consulte um dicionário. E, claro, pare de debochar do nosso trem, uai!

Posso afirmar, categoricamente, que sou uma grande entendedora do mineirês, pois quando era criança, passava parte de minhas férias escolares no interior das Gerais. Minha tia recebia muitas visitas em sua casa e, numa dessas me vi frente a uma senhora que encarou a mim e à minha irmã e soltou essa: "Nooossinhora, oces duas parédimais da conta! Cês são gema?" E houve o dia em que outra conhecida de minha tia, impressionada com o falecimento de um rapaz da comunidade, lamentou: "Ô coitadoNerso... Morreu tão moço! Mas num largava da pinga, mezcaquela ursa no estango" [tradução: Oh! Coitado do Nelson... Morreu tão moço! Mas não largava da pinga, mesmo com aquela úlcera no estômago]. Entender tudo isso requer prática, e um ouvido bem afiado!

Talvez os regionalismos sejam uma das principais dificuldades de comunicação entre pessoas de diferentes Estados de nossa pátria, e eu mesma já protagonizei alguns graciosos episódios. Certa vez, uma amiga me pediu para pegar sua "escarcela". *Que diabos será* isso?, pensei, mas só perguntei:

— O quê?

— Minha escarcela, ali no meu escaninho — insistiu ela.

Olhei para o bendito escaninho e não vi nada que pudesse ser uma escarcela. Lá havia livros, apostilas e outros apetrechos típicos do nosso laboratório e estudos; se escarcela fosse um instrumento de trabalho, seria a minha ruína, a prova da minha incompetência. Não querendo me expor, eu disse, morrendo de vergonha:

— Não estou entendendo. O que você quer mesmo?

Foi aí que a maranhense gente boa compreendeu o que se passava e começou a rir, mas parada entre ela e o escaninho, eu não via a menor graça. Ela, então, me explicou que "escarcela" é o mesmo que aquela pasta de plástico tipo polionda. Agora, me diga se alguém neste Brasil, que não seja maranhense, sabe o que vem a ser escarcela! Bom, depois desta crônica, mais alguns saberão...

De outra feita, ainda criança, fui à praia, no Rio de Janeiro. Depois de brincar por horas e recolher uma sacola de conchas com minha irmã e minhas primas, bateu aquela fome. Meu tio, muito generoso, deixou-nos escolher o que quiséssemos. Lemos o cardápio da barraca e escolhemos um prato com um nome bem diferente. Queríamos novidades! E qual não foi nossa decepção ao descobrir que o tal do "aipim frito" não era um peixe, mas sim a boa e velha mandioca. Alguns anos depois, em Natal, me decepcionei novamente. Neste caso, com a macaxeira, claro.

Não tenho dúvidas de que nossa língua viva e em

constante transformação é a nossa principal riqueza cultural. Ainda que ocorram pequenos contratempos na comunicação cotidiana, a gente sempre se entende, e podemos sair com o saldo de mais uma história para contar. Essa diversidade é sempre positiva; contudo, há sérios problemas na comunicação do brasileiro, advindos do analfabetismo funcional, e isto, sim, traz seriíssimas consequências. Monteiro Lobato já nos deu a fórmula: "Quem não lê, mal ouve, mal fala, mal vê". Por que será que ainda não resolvemos isso?

CANTADIM

Como boa mineira, tenho meu sotaque, digamos, acentuado. Nunca o havia percebido, até o dia em que o filho de uma amiga, que tinha à época uns dez anos, me disse:

— Adoro você, Vaninha, e o seu sotaque *cantadinho*.

— Mas quem tem sotaque *cantadim* é nordestino, e eu sou mineira! Não falo cantando!

— O seu *cantadinho* é mais bonito.

Ri, achei engraçada essa constatação de alguém tão pequeno e fofo. Mas quando fui a Beagá depois de uns quatro meses sem aparecer, entendi direitinho o que o Guilherme quis dizer com "cantadinho". Então é assim que eu falo e nem me dou conta?

Segundo testemunhas, *a coisa piora* depois que eu cruzo o Rio São Marcos, que faz a divisa entre Goiás e Minas. Nuuuu! Aí é que eu "canto" mesmo!

A primeira característica das pessoas de um lugar é sua linguagem. E nisso, Minas é especial: ninguém no Brasil tem tanta habilidade e, por que não dizer, erudição com a fala como nós, mineiros. O Brasil inteiro, por exemplo, gosta de nos zoar devido ao uso da palavra "trem". Ocorre que a utilização deste vocábulo pela mineirada não é apenas correta, é adequada também. Não vou transcrever todos os seus significados: deixarei que os próprios leitores se deleitem com a descoberta. Mas jamais se esqueçam de que nós, os *diminas*, temos um vasto vocabulário.

E esse vasto vocabulário inclui neologismos, lógico! Não existe nada mais desafiador do que manter uma conversa com um matuto do interior do Estado. Explico: primeiro, é preciso ter um ouvido afiado, porque os matutos geralmente falam baixo e bem rápido; segundo, é preciso conhecer e compreender os neologismos. Ler Guimarães Rosa pode ajudar um pouco.

O exemplo mais conhecido que posso dar de neologismo mineirês é o Museu de Inhotim, uma das atrações mais legais de Minas. O minerador inglês que morava na área que hoje abriga o museu se chamava Senhor Timothy, que em bom mineirês é Nhô Tim... ou Inhotim! Lógico, não?

Essa habilidade do mineiro de reunir palavras, geralmente cortando algumas sílabas e criando novas palavras, é única; ninguém mais no Brasil inteiro é capaz disso. E Guimarães Rosa, poeticamente, mostrou ao mundo, com sua prosa marcante, toda essa mineirice que só quem já se aventurou pelo interior pode entender sem um dicionário Guimarães-Rosense do lado. Porque o ritmo, o *cantadim*, é essencial ao entendimento, e a leitura não é capaz de transmitir a fala cantada, ritmada, a não ser que o leitor tenha uma experiência prévia de audição matuta.

E claro, nosso mineirês *cantadim* não é nada sem o "uai", né não? Reza a lenda que os mineradores ingleses que chegaram lá pras bandas de Nova Lima, também conhecida como *New Lime City* nos idos do século XIX, não sabiam quase nada de português e tinham uma dificuldade danada pra se comunicar. Mas o fato é que, quando eles tentavam entender alguma coisa, perguntavam "*why?*" (pronúncia: "uai"). Depois disso, o uai se espalhou pelas Gerais, tornando-se a marca mais registrada do Estado, uma interjeição que expressa várias coisas: tanto espanto, surpresa, como susto, por exemplo. Mais uma vez, o *cantadim* é essencial, porque o significado do uai vai depender, essencialmente, da entonação de quem fala. O "uai" pode ser usado em várias situações. É uma interjeição bem versátil, e indispensável, tão indispensável que meus amigos maranhenses que viveram em Belo Horizonte por alguns anos incluíram para sempre estas três letrinhas em suas vidas, não vivem mais sem um uai.

Exemplos de situações corriqueiras com o uso do "uai":

Situação 1: cortei meu cabelo e minha irmã perguntou: "De novo?" Minha resposta: "Cabelo cresce, uai, tem que cortar". Neste caso, o uai significa "por isso".

Situação 2: apesar de ter sido convidada, eu não era esperada em uma festa. Ouvi apenas: "Uai, você veio?" O uai aqui é uma interjeição indicativa de surpresa.

Situação 3: num almoço, me ofereceram ajuda: "Vânia, quer que eu te sirva?". Respondi: "Uai, obrigada!", com o uai significando "sim".

Uma das melhores coisas são as histórias de mineiro. Se for matuto contador de causo, então... Tive a sorte de crescer numa família que gosta de contar histórias, todas verídicas, que aconteceram com nossos antepassados. E essas histórias vêm recheadas de uivos de cães, de pocotó de cavalos, miados de gatos, o canto do galo ainda de madrugada. Vez por outra, um tiro ou uma briga feia, com direito a surra de chicote e relações cortadas para o resto da vida, nossinhora! É um terreno fértil para aprender o fino do vocabulário mineirês.

Minas é *tudibão*, principalmente porque é um Estado grande e muito diverso. Há muitos tipos de mineirês e de sotaques *cantadins*, a depender da região. E é possível encontrar um monte deles na bela Beagá, que é pra onde vai a maioria das gentes do interior do Estado.

Sem dúvida, Minas é um Estado todo especial, principalmente por causa dos mineiros, gente simples, inteligente, prática e muito habilidosa. Seu sotaque é único, e quiçá seja a nossa marca registrada.

Ainda existem heróis?

Doem meus ouvidos a cada vez que o jornalista Pedro Bial brada na televisão, "E agora vamos espiar os nossos heróis", referindo-se aos confinados do *reality show* que ele comanda.

Para não cometer uma injustiça, consultei no bom e velho, mas imprescindível dicionário, o significado de herói: "Homem extraordinário pelas suas qualidades guerreiras, triunfos, valor ou magnanimidade; protagonista ou principal personagem de uma obra literária". Bom, não me parece que tais pessoas tenham qualidades magnânimas, e muito menos que *reality shows* se encaixem no conceito de obra literária. A quem, então, podemos chamar de "herói"?

O primeiro que me vem à mente é Tiradentes, o mártir da Inconfidência Mineira. Justíssimo! Zumbi dos Palmares é outro, não há dúvidas. E D. Pedro I, claro! Grande herói, responsável pelo nosso desligamento de Portugal, ainda que isso nos tenha custado caro e iniciado a nossa dívida eterna, *ops*, externa. E Duque de Caxias, sim, senhor! Por conta de seus feitos, a unidade nacional foi mantida e podemos nos orgulhar de nossa diversidade cultural.

Estes são alguns dos mais conhecidos, mas há muitos outros homens e mulheres que lutaram por ideais, seja de liberdade, seja de unidade nacional. E nossos compatriotas mortos durante a ditadura militar? Muitos foram martirizados em defesa da democracia e da liberdade, mas até hoje, quase ninguém dessa turma foi reconhecido como herói...

É triste notar que, infelizmente, a massa não tem discernimento para identificar os problemas nacionais, nem os atos heroicos de nossos compatriotas. É o resultado do total descaso com a educação, que nunca é prioridade nos programas de governo, e as consequências estão aí: um povo que desconhece sua história e não luta por seus direitos, uma gente praticamente apática, superficial, fácil de ser manipulada e que acha o máximo aquelas pessoas cujo único ato de "heroísmo" é ficar confinado durante meses numa casa, sem comunicação com o exterior, competindo por... dinheiro?!? Espera aí, para tudo! Só me respondam uma coisa: quem é o "herói" que fez o que fez por dinheiro? Eu desconheço. Todos os que citei acima tinham ideais.

Apesar de tudo isso, quem quiser consegue facilmente identificar heróis no meio de nossa gente. Muitos enxergam um herói na figura do Ministro Joaquim Barbosa, para quem todos são iguais perante a Lei e que enfrentou, corajosamente, alguns "paladinos" do poder. Outro grande herói nacional é o Juiz Sergio Moro, que está peitando bravamente poderosíssimos empresários e políticos. Mas há heróis mais anônimos, como os milhares de professores de periferias, que enfrentam a criminalidade e outras adversidades todos os dias para ensinar; e os médicos sem fronteiras, que vão para áreas de guerra e campos de refugiados com o objetivo de salvar vidas, e tantos outros brasileiros e brasileiras anônimos que fazem a diferença nas comunidades onde vivem. Não seriam eles heróis também?

É por tudo isso que me recuso a acreditar que o tempo dos verdadeiros heróis já tenha passado. As demandas atuais são bem diferentes da época de Tiradentes, mas continuamos lutando pelos mesmos valores: liberdade, igualdade de direitos, progresso.

Acredito que nossos heróis contemporâneos serão reconhecidos no futuro. Por enquanto, só nos resta torcer para que eles não banquem o Joaquim Silvério dos Reis, grande traidor. Quanto aos "heróis" do Pedro Bial... Bom, acho que nenhum deles deixará a mais tênue marca em nossa história.

HERANÇA

Há algum tempo, tive a oportunidade de conversar com um argentino, um típico senhor daquele estilo que conhecemos dos *nuestros hermanos*. Foi um papo bem interessante. Dentre os vários assuntos que abordamos, me chamou a atenção seu enorme fascínio por Brasília, que, nas suas palavras, "é uma cidade que não existia quando nasci. Como alguém poderia ter uma ideia como essa? Construir uma cidade do nada?" E falou de Juscelino, declarando abertamente que o considera um grande estadista.

Concordei que JK foi um grande estadista, mas tive que desapontá-lo: revelei que ao construir Brasília, Juscelino não apenas realizou o sonho de Dom Bosco, como também tirou da gaveta um projeto dos patriarcas da independência do Brasil, que idealizaram uma capital no centro do território, como ponto de união nacional. O tal argentino não sabia disso (aliás, quantos brasileiros sabem?), e talvez até tenha sentido uma pontinha de inveja ao comentar que só havia ouvido falar de dois impérios — o romano e o brasileiro. Fiz que não entendi o deboche e disse a ele que Brasília é, ao mesmo tempo, uma herança imperial e uma marca importante da chamada "Era JK", como é conhecido o período do governo de Juscelino, entre 1955 e 1960.

Quem diria que Nonô, bom mineiro das terras diamantinas, seria o responsável por tão grande feito? Pois ele fez jus à fama do mineiro-come-quieto, aquele discreto, caladinho, mas capaz de realizar grandes obras. Ao contrário do que apontavam as perspectivas de seu futuro, já que ficou órfão de pai aos três anos de idade, Juscelino Kubitschek formou-se médico e dedicou-se à política, uma carreira de grande sucesso, diga-se de passagem.

JK inaugurou a nova Capital Federal do Brasil no dia 21 de abril de 1960, com os festejos começando com uma missa campal ainda no dia 20 e terminando com um grande baile, no melhor estilo "anos dourados". Parecia que os tempos vindouros seriam áureos. A realidade, porém, foi bem diferente.

À medida que eu contava ao argentino as origens de Brasília, pensava comigo mesma que tenho muito do que me orgulhar de nossa capital. Sua concepção, por si só, já a torna especial: a era JK nos deixou uma cidade moderna, de arquitetura arrojada, planejada para ser a capital de todos os brasileiros. Aquela realidade "diferente" mudou e a democracia brasileira parece estar consolidada, e Brasília foi concebida para isso mesmo: um espaço para o exercício legítimo da democracia, para todo o povo brasileiro!

Na capital, encontramos todas as gentes, todas as caras, todos os sotaques, todas as comidas e todas as culturas desse nosso Brasilzão, e esta é a maior riqueza da cidade, sua gente. Aqui todo mundo pode chegar. A Esplanada e a Praça dos Três Poderes, onde se concentra o poder da nossa república, foram feitos para o povo, para manifestações de todo tipo. E o povo, a sociedade em seus diversos segmentos, vem sempre aqui. O espaço é nosso e somos livres para ocupá-lo. No Planalto Central, os coloridos ipês quebram a *marronzice* da seca, enquanto todos os espaços públicos da cidade são ocupados por nossos compatriotas, que dia a dia fazem marchas, protestos, reivindicações, do jeito mais democrático possível.

O céu é tão lindo, tão lindo, que músicos já o cantaram em seus versos, mas ninguém conseguiu ainda traduzir sua real beleza. O céu veste a cidade com todas as cores possíveis, desde o azul mais puro ao cinza-azul-escuro de uma tempestade, passando pelo rosa-pôr-do-sol-como--poucos. Eu tampouco consigo traduzir essa beleza!

Brasília tem ares de metrópole, mas é mesmo uma "roça iluminada", como diz um amigo querido. Aqui o perto é longe, mas são bem poucos os graus de separação entre as pessoas: todo mundo se conhece ou conhece alguém que te conhece, e sair à noite para a balada é a única senha necessária para se encontrar as mesmíssimas pessoas. É quase uma cidade do interior; quem quiser fazer alguma coisa errada, tem que tomar cuidado!

A natureza ainda tem espaço, e é muito comum vermos maritacas, por exemplo. Quero-queros e corujas buraqueiras convivem com a gente numa boa, desde que não nos aproximemos de seus ninhos. Em setembro, começa a sinfonia dos sabiás e das cigarras, e tucanos e pica-paus ainda podem ser vistos nas árvores ou voando, e colibris, curicacas e carcarás integram o nosso dia a dia. Ainda há espaços de cerrado em pleno Plano Piloto, o que torna a paisagem urbana especial.

Brasília, apesar de sua juventude, já tem uma identidade própria, e os grupos de rock que surgiram aqui na década de 1980, especialmente o Legião Urbana e o Capital Inicial, mostraram ao país inteiro a cultura que nasceu na Capital, a partir do encontro do povo do Brasil inteiro; "a Mônica de moto e o Eduardo de camelo" pode soar estranho aos ouvidos de muitos, mas a verdade é que quase todos aqui têm um camelo para dar umas pedaladas no Eixão aos domingos. E falando em Eixão, os endereços da capital são estranhos para os recém-chegados, mas são tão lógicos que ouso dizer que Brasília é o lugar mais fácil para se encontrar uma rua no Brasil, principalmente depois que se aprende o "funcionamento" das famosas "tesourinhas".

Aqui se faz amigos, e para frequentar a Asa Norte basta ir às calouradas na UnB ou no CEUB. Já não vemos mais aquelas "festas de rock pra se libertar", como havia na época da Legião, mas ainda se conhece muita gente interessante. Somos tão livres, que nesta cidade se ouve de tudo: sertanejo, axé, funk, zumba, bossa nova, MPB, gospel, chorinho... E, claro, rock também.

E é a maior verdade que "as ruas têm cheiro de gasolina e óleo diesel", afinal, todo mundo em Brasília precisa ter carro. É que o transporte público da Capital Federal deve ser o pior do Brasil: o metrô tem apenas duas linhas pequenas e poucos trens; e os ônibus são um absurdo, latas velhas, que não servem para outras cidades e são despejadas aqui. O sistema é tão desorganizado que não dá para se planejar de acordo com os horários dos ônibus — estão registrados no papel, mas, na prática, em muitos bairros, o motorista sai à hora que quer. Além disso, é quase impossível ir a alguns pontos ícones de Brasília pegando um ônibus só. Enfim, Brasília é a cidade-milagre cheia de problemas, como qualquer outra que não seja chamada de "milagre". E fato é que, nos últimos dez anos, ela funciona por milagre e nada mais: o poder público local é de uma incompetência sem tamanho.

Tudo isso me encanta e revigora minha fé em nossa gente, em nosso país. Faço coro com o João do Santo Cristo: "Meu Deus, mas que cidade lindaaa!"

FÉRIAS NO BRASIL, SÓ PARA OS FORTES!

Ahhh! Janeiro, verão, mês de férias! Sempre dou um pulinho na minha Beagá e passo uns dias na praia. Não em Guarapari, onde baixa a mineirada no verão, mas em Florianópolis, onde temos parentes.

Viajar é turismo, ainda que seja para se hospedar em casa de parentes ou amigos. E o turismo pressupõe uma série de atividades, com destaque para a gastronomia e o comércio de *souvenires* ou produtos da terra. Turismo pressupõe ainda toda uma infraestrutura para receber os "forasteiros", pessoal local preparado para lidar com gente, e gente com os mais diversos costumes, vinda de tudo quanto é lugar.

Infelizmente, nosso Brasil não tem os requisitos mínimos necessários para receber bem o turista, nem para fazê-lo voltar, nem para que o turismo contribua significativamente para o PIB. A começar pelos aeroportos, parte fundamental dessa infraestrutura mínima. Embora tenha havido alguma melhora nos principais aeroportos do país, em muitas cidades turísticas ainda são muito ruins.

Tomemos Florianópolis como exemplo: pouco antes da aterrissagem de nosso voo, a comissária avisou que a bagagem seria restituída na esteira de número 1, mas, francamente, o aviso não era necessário, já que só há uma esteira em Floripa; e a chegada dos voos, geralmente, se dá com poucos minutos de diferença, o que resulta numa multidão se espremendo num espaço minúsculo para alcançar as respectivas bagagens. É um aeroporto em que os embarques e desembarques ainda são feitos com escadas, pois não há *fingers*. As lojinhas são pequeniníssimas, apertadas e vendem mais do mesmo, nada de arte local, como as rendas de bilro, por exemplo — esse tipo de artesanato está em perigo de extinção no Brasil, mas se houvesse um incentivo para produzi-lo para turismo, com venda no aeroporto, estou certa de que o número de rendeiras seria maior.

Em geral, os locais mais turísticos no Brasil possuem aeroportos incapazes de atender à demanda adequadamente. Com a Copa do Mundo, o aeroporto de Guarulhos melhorou sobremaneira, e se consolidou como o maior e mais importante do Brasil. Brasília, agora, tem um aeroporto digno da capital do país, que recebe diplomatas do mundo inteiro. Congonhas já está com jeitão de aeroporto internacional, apesar do porte. Mas o Galeão e Confins, mesmo reformados, estão aquém do *status* de "internacional". Ainda não estive no nordeste depois da Copa, mas tenho cá minhas dúvidas sobre se deram o salto necessário.

Sobre o pessoal *in loco*, o que dizer? Poucos falam inglês, e por isso muitos turistas estrangeiros acabam "presos" aos *resorts*, verdadeiras "ilhas" onde há gente melhor preparada. Taxistas falando inglês, então... Raridade!

Nossas paisagens também nos garantem a posição de bom destino turístico, mas muitos lugares legais não possuem acesso à internet e, em alguns casos, sequer telefone. O transporte público, na maioria das cidades brasileiras, é fraco, sendo sofrível em muitas delas (como Brasília, por exemplo). Isso, sem falar na falta de esgotamento sanitário, infraestrutura básica que apenas metade da população possui.

Segurança? Dispensa qualquer comentário, ainda mais se considerarmos que o Brasil contribui com 21 municípios para a lista das 50 cidades mais violentas do mundo, entre elas as superturísticas Fortaleza, Natal, Salvador e João Pessoa, para começar. Seria inesperado se o Brasil não estivesse entre os 15 países mais violentos do mundo, com taxa de 32,4 homicídios para 100 mil habitantes (dado divulgado pela ONU em 2014); nosso país é recordista em homicídios.

Na gastronomia, até que nos saímos bem. É o que nos salva, isto é, caso as cozinhas dos restaurantes não sejam visitadas, claro.

Transporte público é um problema seriíssimo! Poucas cidades contam com um metrô decente, que leve as pessoas aos seus pontos turísticos; só São Paulo e Rio de Janeiro, mesmo assim com alguma precariedade. O uso de ônibus fica prejudicado por vários fatores, incluindo inconstância de horários, falta de um catálogo em inglês com os itinerários e a possibilidade de assaltos. Andar de táxi parece ser a opção, mas os taxistas são despreparados, marrentos e ainda dão voltas para cobrarem mais. Parece que parte dos taxistas que nos transportam a preços exorbitantes são violentíssimos, homicidas até. O Uber seria uma excelente opção, mas num país em que coisas muito estranhas acontecem, esse serviço ainda não está legalizado, apesar de funcionar em quase 70 países e estar em plena expansão.

Em 2014, parece que houve um aumento de um milhão de turistas em relação a 2013, impulsionados, claro, pela Copa do Mundo. Parece que fechamos 2014 com a visita de 7 milhões de pessoas vindas de outros países, o que significa quase nada, comparado aos 36,3 milhões de turistas que visitaram a Espanha só até julho daquele ano! Aliás, parte da recuperação da crise espanhola é devida, exclusivamente, ao turismo! O Brasil é 16 vezes maior do que a Espanha, tem um litoral quase duas vezes maior, e deve receber um décimo dos turistas que o país europeu recebe anualmente.

Qual é a nossa desvantagem? Além da violência (deve mesmo dar medo vir aqui), salta aos olhos a falta de políticas públicas eficientes, de incentivo às pequenas empresas e de formação de pessoal qualificado. Mas a verdade é que, se não existe infraestrutura mínima para quem vive aqui, para o genuíno cidadão brasileiro, para os estrangeiros é que não há mesmo! Se um estrangeiro chegar ao Brasil sem uma noção mínima de português ou sem um bom guia, estará perdido. Literalmente.

Quando voltei da Espanha, onde fiz sozinha parte do Caminho de Santiago de Compostela, me perguntaram se não tive medo. Na verdade, nem me lembrei de sentir medo, e a sensação de segurança nas trilhas, ou na beira do asfalto ou nas cidades e vilas era a mesma: altíssima. E não é pra menos: a taxa de homicídio por lá é de 0,8 por 100 mil habitantes, corro 40 vezes mais perigo no Brasil do que na Espanha... Socorro! Detalhe: internet funcionando nos locais mais ermos possíveis! Coisa que não temos no Brasil meeeesmo!! Acho que isso explica por que as pessoas não se interessam pelo Brasil como destino de férias.

Vir ao Brasil como turista, portanto, é tarefa para os fortes, destemidos, aventureiros. Ou para os desinformados.

Em Brasília, 19... semanas

Na única cidade do mundo onde dez (é) nove horas — "Em Brasília, dez(é)nove horas", diz a "Voz do Brasil" —, o ar seco e as partículas em suspensão dão o tom da paisagem, já castigada há meses pela falta de chuva.

Estamos em agosto. A grama está marrom, as árvores já não conseguem sustentar as próprias folhas e as ruas ficam repletas de folhagem seca. No fim de um dia escaldante, e com a umidade relativa do ar bem abaixo de 30%, o pôr do sol em fortes tons laranja em contraste com os galhos secos e nus das árvores é um espetáculo à parte, nem sempre apreciado com a devida admiração. As noites geralmente não refrescam o mínimo necessário para garantir um sono pacífico e ininterrupto, e é assim o inferno, ops, o inverno no Planalto Central.

No final de agosto, início de setembro, sob um sol inclemente, os ipês amarelos estão explodindo em flor! Um espetáculo de doer a vista. Os sabiás-laranjeira, apaixonados, enchem os dias com sua afinada sinfonia. À noite, os primeiros besourinhos já começam a entrar em casa, atraídos pela luz elétrica; em setembro, outubro, a presença deles será quase insuportável — eles serão muitos e morrerão, ou no bico de alguma ave faminta ou na crueza de uma habitação humana. Se eu fosse um desses besourinhos, desejaria morrer dignamente, dentro da cadeia alimentar.

E assim a primavera se faz anunciar! A primeira chuva cai ainda em setembro, e os ipês brancos (meus preferidos) são os últimos a florescer. Geralmente, sua florada acontece próximo ao sete de setembro. Também para setembro é esperado o escândalo das cigarras. Como Brasília tem muitas árvores, a população de cigarras é gigantesca. Andando pelas quadras residenciais, vemos várias mudas num único tronco e, muitas vezes, vemos as próprias, arriscando a pele por amor!

Ah, o amor, esse que faz a vida seguir seu curso, sincrônica e inexoravelmente. Mas, por culpa de uma, somente uma espécie, nem sempre isso ocorre com o equilíbrio necessário.

Com tudo isso acontecendo, detecto uma manchinha preta no meu sofá clarinho: fuligem. O Distrito Federal está em chamas, como todos os anos, aliás. É sabido que o cerrado possui um ciclo natural de fogo, mas os incêndios a que me refiro são criminosos, mesmo. No meu sofá, os vestígios de um crime bárbaro: vários indivíduos de inúmeras espécies morrem nesses incêndios, seja direta — esturricados — ou indiretamente, ao perder alimento e abrigo. E nós, a única espécie que desequilibra o curso natural da vida, ficamos mais encalorados, mais doentes, mais pobres...

No bioma Cerrado — que compreende os Estados de Goiás, Distrito Federal, Tocantins, boa parte de Minas Gerais, Mato Grosso, Mato Grosso do Sul e uns pedaços de São Paulo, Bahia e Piauí — não temos as quatro estações bonitinhas e estereotipadas dos livros didáticos. Temos, sim, duas estações, definidas não pelas temperaturas, mas pela umidade relativa do ar: a estação chuvosa (que vai de outubro a maio) e a seca (que vai de maio a outubro e dura em torno de 19, 20 semanas). E é incrível como as espécies estão adaptadas a condições não muito confortáveis e crescem, florescem e se reproduzem assim mesmo.

O ipê, a árvore-símbolo do Brasil, é o exemplo perfeito do equilíbrio conquistado. Nas semanas finais da estação seca, perde as folhas e explode em múltiplas e coloridas flores, bem chamativas mesmo. As abelhas e os beija-flores, ávidos por comida na escassez da seca e atraídos pela exuberância dessas flores, vão quentes nelas. E come pra lá, come pra cá, promovem a fertilização. O *timing* é importantíssimo, porque o período de floração dura mais ou menos uma semana. Nascem os frutos, que rapidamente crescem, secam e liberam as sementes, que são aladas e levíssimas, justamente para serem levadas pelo vento. Essas sementes são liberadas quando a estação chuvosa está prestes a começar, e com ela, tudo o que uma semente precisa para germinar: umidade. Era só isso que faltava para o nascimento de vários novos indivíduos de ipê. Perfeito, não?

Bom, escrevi tudo isso apenas para dizer-lhes que a Biologia é uma ciência linda, e a vida é muito mais do que um simples milagre. Senti uma saudade enorme dessa biologia de campo e resolvi dar uma aulinha para os meus leitores. Espero que tenham gostado!

Reflexos

Algumas ocorrências nós, brasileiros jamais esquece-remos: a derrota por 7 a 1 sofrida pela Seleção Brasileira frente à da Alemanha em plena Copa do Mundo no Brasil (2014), por exemplo. Mas esta não é a única derrota que somos obrigados a amargar. O placar elástico da Alemanha sobre o Brasil no futebol é apenas um reflexo de todo um ambiente favorável aos cidadãos daquele país.

A Alemanha estava completamente arrasada ao final da Segunda Guerra Mundial e teve seu território dividido pelas duas principais potências da época como se fosse um terreno baldio, sem dono, que os compadres dividem entre si com uma cerquinha de arame, separando sonhos e famílias que viveram assim por décadas. O Brasil, embora tenha enviado seus "pracinhas", ao final da Segunda Guerra encontrava-se como estava no início do conflito: intacto, nada destruído.

Setenta anos depois, os dois países continuam apresentando grandes disparidades. Para início de conversa, o Índice de Desenvolvimento Humano (IDH) da Alemanha em 2014 foi 0,920 e o país ocupa a quinta posição, está entre os mais desenvolvidos; em 2013, a Alemanha ocupava o sexto lugar, com um índice de 0,911. Já o Brasil ostenta o 85º lugar, com um IDH de 0,730, que, por sinal, era o mesmíssimo em 2013. Gol da Alemanha!

O Brasil está nos *top 10* do analfabetismo mundial:

é o oitavo país com mais analfabetos no mundo, com uma taxa de alfabetização de 91,3%. A Alemanha tem uma taxa de alfabetização de 99%. Um cidadão alemão passa, em média, 12,2 anos na escola, enquanto um brasileiro passa 7,4 anos. Gol da Alemanha!

A taxa de homicídio no país europeu é de 0,8 por cem mil habitantes, totalizando 690 homicídios em 2012 (última medição). No mesmo período, a taxa de homicídio no Brasil foi contabilizada em 21,0 por cem mil habitantes e quase 41.000 pessoas morreram assassinadas naquele ano por aqui. Outro gol da Alemanha!

A Alemanha apresenta índices econômicos bem favoráveis. Em 2015, seu PIB cresceu 1,7%; o do Brasil decresceu 3,8%. A taxa de desemprego da Alemanha foi medida em 6,4% em 2015; a do Brasil ultrapassou 10% no mesmo período. A balança comercial alemã teve um superávit de US$ 67,92 bilhões em 2015, o maior saldo comercial já apurado no país, enquanto a brasileira teve um superávit de US$ 19,69 bilhões no mesmo período. A produção industrial alemã aumentou 1,5% em 2015, enquanto a brasileira diminuiu 8,3%, a maior queda já registrada. A Alemanha fechou 2015 com uma taxa de inflação de 0,3%; já o Brasil, terminou o ano com 10,67% de inflação. Goooool! Da Alemanha!

A OMS preconiza a disponibilização de 3 a 5 leitos de hospital por 1000 habitantes. Na Alemanha, estão disponíveis 4,8 leitos por 1000 habitantes; no Brasil, 2,4 (em média). Opa, gol da Alemanha!

A disparidade salarial entre homens e mulheres na Alemanha é a maior da Europa e está em 22,4%. A do Brasil está em 30%. Aliás, o Brasil caiu da 62ª posição no Índice Global de Desigualdade entre Gêneros em 2013 para a 85ª em 2015; isso, enquanto tínhamos uma "presidenta". Apesar da disparidade salarial, a Alemanha está nos *top 20* entre os países com maior igualdade entre homens e mulheres — ocupa a 11ª posição (2015), já que o IDG considera quatro áreas básicas: participação econômica, educação, capacitação política e saúde e sobrevivência. Gol da Alemanha!

A ONG *Transparency International* publica anualmente um índice de percepção da corrupção e ranqueia os países: quanto maior a pontuação, menor a percepção de corrupção. Em 2015, o Brasil fez 38 pontos e ficou em 76° lugar no *ranking*. A Alemanha teve 81 pontos e ocupou a 10ª posição. Um ano antes, o Brasil ocupava a 69ª posição e a Alemanha, a 12ª. Na Alemanha, a corrupção diminuiu, aqui, ela aumentou, socorro! Mais um golaço da Alemanha!

Poderíamos prosseguir descrevendo outros "gols" da Alemanha, mas eu quis mencionar só sete e encontrar um *ranking* em que o Brasil se saísse melhor. Seria de se esperar que nosso país, por ser muito menos industrializado do que a Alemanha, estivesse mais bem posicionado no *ranking* de emissões de carbono, certo?

Errado. Em 2014, o Brasil figurou nos *top 5* entre os maiores emissores de CO_2 do mundo — é o quinto maior emissor. Não que a Alemanha esteja muito melhor do que nós, mas emite menos e é o oitavo emissor. Este foi um gol contra do Brasil, e completou a goleada germânica.

O futebol, definitivamente, não é o mais importante indicador de desempenho de um país, mas costumava ser aquele que dava um pouco de alegria ao nosso povo. No entanto, nas instâncias esportivas a corrupção também está correndo solta, como nunca antes na história. O desempenho no futebol é, simplesmente, mais um indicador de todo um ambiente desfavorável aos cidadãos do nosso país.

Palavras que a História eterniza

Como gosto de História, procuro sempre ler algum livro ou matéria relativa à descoberta de documentos e restos mortais de figuras históricas, entre outros. Depois que passei a me interessar pelo tema, passei também a ver os acontecimentos do Brasil e do mundo com outros olhos, não apenas buscando a razão do presente no passado, mas também me aventurando a antever e conjecturar o futuro.

Personagens históricas obrigatórias são presidentes, reis, imperadores, emires e ditadores, entre outros líderes e chefes de estado, de governo, de países, reinos, territórios. É natural que partes de seus discursos e algumas de suas falas e frases entrem para a História, e, sendo tanto bem quanto mal ditas, ficam para a posteridade, principalmente nestes tempos de internet, redes sociais, vídeos etc. Entre as mais famosas no Brasil, podemos citar uma de D. Pedro I, "Se é para o bem de todos e felicidade geral da nação, estou pronto! Digam ao povo que fico"; e aquela escrita por Getúlio em sua carta-despedida, "Saio da vida para entrar na História".

Então, vamos pegar um recorte histórico e ver o que ficou eternizado, e agora amplamente divulgado pela internet, começando por Juscelino Kubitschek, um homem de realizações: construiu uma cidade inteira, realizando o sonho dos patriarcas da independência de uma capital no centro de nosso território. Se alguns de seus sucessores conhecessem uma de suas frases, poderiam imitá-lo, pois ele afirmou: "Costumo voltar atrás, sim. Não tenho compromisso com o erro".

A imagem de Jânio Quadros com uma vassoura é sempre lembrada, mesmo por quem, como eu, não foi contemporâneo de sua campanha presidencial. Uma frase dita por ele não é muito conhecida, mas é a mais pura demonstração de que a História pode se repetir: "O descalabro das finanças e o descalabro administrativo... Um segue os passos do outro". Jânio, que conhecia bem nosso país, disse ainda que "o interior salvará o Brasil; e se não salvar, nada o salvará". Boa parte do nosso PIB está no agronegócio, principal atividade de Estados do interior do Brasil, como Mato Grosso, Mato Grosso do Sul, Goiás, Tocantins, Minas Gerais... Por enquanto, portanto, é o agronegócio que praticamente sustenta (e salva) o Brasil.

Em seu célebre discurso na Central do Brasil, João Goulart mirou no que viu e acertou no que não viu, ao dizer (referindo-se à direita): "A democracia que eles querem é a democracia para liquidar com a Petrobras; é a democracia dos monopólios privados, nacionais e internacionais". Bom, a Petrobras está liquidada e "abrindo o capital" (ou seja, sendo privatizada). E esta proeza, antevista por Jango, está finalmente acontecendo, só que não se trata de um feito da dita "direita".

Entre os presidentes-generais também ficaram gravadas algumas frases interessantes. Castelo Branco, por exemplo, disse que "a esquerda é boa para duas coisas: organizar manifestações de rua e desorganizar a economia". Qualquer coincidência com o presente momento é coincidência mesmo, porque ele não viveu o suficiente para conhecer o PT. Outro general disse que iria fazer deste país uma democracia; e, realmente, o autor da promessa, João Figueiredo, abriu as portas para isso, mesmo preferindo cheiro de cavalo a cheiro de povo e desejando que a nação o esquecesse.

O imortal (em *todos* os sentidos) José Sarney até disse uma coisa certa: "Durante o meu mandato, a história se contorceu, mas a democracia não murchou na minha mão". Contorcida e do alto dos meus 12 anos, exibi no peito aquele adesivinho "Eu sou fiscal do Sarney", lembram? Foi uma época horrorosa, difícil, mas sobrevivemos e aqui estamos, agora com outras lutas, desesperados, com medo de que voltem aqueles tempos... Porque, como disse Jânio Quadros, "a inflação dissolve o dinheiro, avilta os tesouros, compromete o crédito, perturba a produção, paralisa as obras, dessora os governos, depaupera os particulares, fermenta as revoluções".

Depois de D. Pedro I, Fernando Collor foi o governante que mais gostava de sua virilidade, e declarou aos quatro ventos: "Eu tenho aquilo roxo!" Ainda achava que terminaria seu mandato e que as pessoas, no futuro, diriam: "Lá vai o Collor, ele fez um bom governo". Mas o destino reservou a ele o primeiro *impeachment* da História do Brasil.

Itamar Franco era zoado por muita gente, nos quatro cantos do país. Collor, que o escolheu para vice, certa vez afirmou que "o Itamar é um perfeito idiota". Já Itamar, sobre o Collor, disse que "muito cedo, durante sua atuação na Presidência, percebi tratar-se de um canalha". Mas a verdade é que Itamar foi um democrata importante para o nosso país. Em outra ocasião, falou que "o Brasil precisa esquecer um pouco Nova York, Manhattan, e pensar em suas favelas, no seu povo sofrido".

Fernando Henrique Cardoso talvez tenha sido o mais intelectual dos Chefes de Estado brasileiros depois de D. Pedro II. Sem esquecer seus feitos relativos ao Plano Real, e que vários programas do governo de seu sucessor foram continuidade de programas de sua era, FHC declarou que comemorava a distribuição de renda: "A política dele (Lula) é a minha". Também é um grande democrata, e prova isso ao dizer que "apesar de a gente às vezes se irritar com a mídia, ela é essencial, porque ela impede o grande erro". Além disso, quem conhece um pouquinho de sua história de vida e das bases de seu partido, o PSDB, sabe que é verdade que as diferenças entre PT e PSDB "são muito mais em relação à disputa de poder do que sobre ideologia".

Lula sempre falou muito, e até ganhou um rock chamado "Luís Inácio falou, Luís Inácio avisou". Suas analogias com futebol eram muito didáticas, e por mais que as achemos rasas, passavam a mensagem ao povão, e isso é o que interessa. Lula sabe chegar às multidões, porque fala para o povo e como o povo. À época do Mensalão, afirmou que "cortaremos na própria pele se necessário"; mas Zé Dirceu e companhia nunca foram expulsos de seu partido, e ficou o dito pelo não dito. Lula diz e se contradiz o tempo inteiro: "Não sei de nada" é sua frase mais lembrada, mesmo que tenha declarado certa vez que "pelo bem ou pelo mal, não tem como o presidente da República dizer que não tem responsabilidade. Sabendo ou não sabendo, o presidente da República tem responsabilidade e tem que mandar apurar". Bom, a Operação Lava-Jato está apurando tudo, tudo mesmo. Lula disse muitas frases que merecem destaque — eu poderia escrever um texto inteirinho só com as frases de efeito ditas por esse ex-presidente —, mas deixarei apenas mais três: a profecia autorrealizada de que "no Brasil é assim: quando um pobre rouba, ele vai para a cadeia, mas quando um rico rouba ele vira ministro"; uma frase dita em pronunciamento após o depoimento dado à Polícia Federal em sua prisão coercitiva: "Se quiseram matar a jararaca, não bateram na cabeça, bateram no rabo, e a jararaca está viva"; e a pérola magna: "a profissão mais honesta é a de político, porque todo ano, por mais ladrão que ele seja, ele tem que ir para a rua encarar o povo e pedir voto".

Já a presidente impedida parece desconhecer aquele dito popular, "em boca fechada não entra mosquito", e num curto espaço de tempo soltou várias idiotices. Não bastasse a saudação à mandioca, grande conquista de nosso país, a mulher (mais) *sapiens* do Brasil disse, certa vez, que não respeita delator, já que ela própria nunca entregou ninguém, nem mesmo sob tortura.

O que ela quis dizer com isso? Que o senhor a quem ela se referiu não deveria ter citado ninguém? Que a Polícia Federal, o Ministério Público e o Judiciário praticam tortura? Ora, os delatores, a Polícia Federal e o Judiciário fazem uso de um dispositivo legal, com tudo gravado e com testemunhas e a imperativa necessidade de se provar os fatos delatados, muito diferente do que ocorreu nos porões da ditadura. Convém lembrar que a lei que regulamenta a delação premiada foi sancionada por ela própria. Dilma também virou chacota mundial ao dizer que "você não conseguiu ainda tecnologia para estocar vento", uma de suas melhores declarações. E o ato falho "eu me renuncio", rapidamente corrigido por "eu me resigno", não passou em branco num momento de forte crise política. Suas "frases de efeito" também entrarão para a História, neste triste capítulo da história nacional.

Do reumatismo à fragmentação do pensamento

Não costumo falar sobre isso, mas tenho uma doença autoimune, hereditária. É conhecida como espondilite anquilosante, e acomete as articulações sacro-ilíacas. Tive a sorte de essa doença ter um efeito mais brando em minha família; a maioria dos meus familiares sequer tem qualquer sintoma. Ainda assim, tive duas crises fortes, que quase me levaram a perder a visão no olho direito. Atualmente, o tratamento, no meu caso, é bem simples: atividade física regular e um grama de imunossupressor por dia.

Descobri minha doença quando tive a primeira crise de uveíte, em 1999. Achei que era conjuntivite, mas o diagnóstico não trouxe uma explicação, nem um tratamento simples, num primeiro momento. A crise foi tão forte, que tive que tomar duas injeções no olho para que a pupila dilatasse e fazer exames para descobrir a causa. E então soube que era portadora do antígeno HLA-B27, um marcador para algumas doenças autoimunes. Fui encaminhada a um reumatologista, que me recomendou um psicólogo. Achei ridículo na época, e nunca mais voltei lá: psicólogo pra resolver minha iminente cegueira? Francamente. Com todo respeito aos psicólogos.

Depois de muitos anos, já morando em Brasília, encontrei um médico reumatologista excelente, do tipo que senta e conversa, explica a doença, toma o pulso, a respiração, mede a pressão, olha minha garganta a cada vez que vou lá, pede exames de tudo e trata com zelo o mínimo incômodo que eu possa estar sentindo, enfim, faz coisas que a maioria dos médicos já não faz. E foi ele quem me explicou que as crises da minha doença são fortemente associadas a um componente psicológico. De fato, estava vivendo momentos de estresse emocional por ocasião das duas crises que tive até hoje; foi então que compreendi a recomendação do primeiro reumatologista.

Tentem entender minha doença: é autoimune (meu corpo ataca a si próprio), um tipo de reumatismo que acomete as articulações sacro-ilíacas (no meu caso é bilateral) e quando estou emocionalmente estressada ataca os olhos, podendo levar à cegueira. E apenas para complementar a informação, faz parte do grupo de doenças que a Constituição Federal reconhece como passível de aposentadoria por invalidez. Complexo, não? E não é qualquer médico que é capaz de compreender a sistemática dessa enfermidade e tratá-la adequadamente. Depois que comecei o tratamento com esse meu médico em Brasília, voltei a engordar e quase não sinto mais dores. Sem estresses anormais, a última crise foi no final de 2003.

Estou contando tudo isso apenas para exemplificar o quão sistêmicas são nossas doenças, nossas vidas, nossas relações, nossos assuntos. Contudo, o mundo de hoje está fragmentado, e é muito difícil se ter uma visão do todo.

René Descartes, com sua célebre frase "Penso, logo existo", fragmentou a existência, reduzindo-a ao pensamento. De acordo com a filosofia cartesiana, a mente está totalmente separada do corpo físico, mas está aí a espondilite anquilosante para demonstrar que não é bem assim, e, portanto, a fragmentação da visão de mundo, e em especial da ciência, pode nos causar prejuízo.

Aliada à fragmentação da existência, da vida e de tudo ao nosso redor, está a simplificação: se tem reumatismo, é velho; se é loira, é burra; se é corintiano, é marginal; se votou no Aécio, é de direita e quer a volta da ditadura; se bateu panela, bate em professor; se quer o *impeachment* da presidente, é golpista; se é político, é ladrão. São visões que, além de fragmentadas, demonstram uma maneira de pensar muito simplista, sem levar em conta as diversas realidades nas quais o indivíduo e toda a sociedade estão inseridos.

Apenas para contrapor os argumentos acima, a espondilite anquilosante começa a se manifestar no final da segunda década de vida do indivíduo, ou seja, antes dos 20 anos de idade; todo mundo sabe que a cor do cabelo não tem a menor relação com o QI; tenho alguns parentes e amigos corintianos, gente supertrabalhadora e honesta, e como eles, a esmagadora maioria dos corintianos, flamenguistas, atleticanos, vascaínos etc.; as origens históricas do partido do Aécio estão ancoradas na luta pela democracia e pela justiça social, e contra a ditadura; sei de professores que andam batendo panela por aí; e não são poucos; o *impeachment* é um instrumento legítimo, previsto em nossa constituição e, por definição, não pode ser "golpe"; e político ladrão, bem, isso é quase um pleonasmo, mas não nos esqueçamos de que vários políticos não enriqueceram, nem se aproveitaram de seus cargos ou de sua atividade para fins pessoais, como Itamar Franco, Ulysses Guimarães e Brizola, para ficar apenas em exemplos recentes. Como se pode ver, as relações não são tão diretas. Mas, infelizmente, a maioria das pessoas não está preparada para perceber nuances.

Relações fragmentadas e simplistas são frequentemente maldosas, como é o caso da frase "quem bate panela bate em professor", porque, além de desqualificar o ato da manifestação, julga (e condena) cruelmente os cidadãos manifestantes por meio de uma associação de fatos totalmente desconexos.

Finalmente, resta dizer que muito do progresso tecnológico alcançado pela humanidade é devido à maneira cartesiana (e fragmentada) de lidar com os problemas, essa mesma filosofia cartesiana que separa a mente do corpo. Neste sentido, toda pessoa minimamente bem instruída deveria ser capaz de compreender a complexidade das inúmeras situações antes de sair repetindo palavras de ordem. Mas, como sabemos, isso é difícil, e pelo andar da carruagem, ainda vai demorar muito para que cada cidadão seja capaz de pensar mais independentemente.

Triste presente, triste futuro.

As mulheres que os homens amavam

Não há nada mais antigo do que o hábito de homens poderosos terem uma amante. Ou várias. No mundo inteiro, há inúmeras histórias de reis, imperadores e presidentes casados que desfrutam dos prazeres de amores clandestinos, e no Brasil não poderia ser diferente.

O caso mais célebre é o do primeiro imperador, D. Pedro I, com a Marquesa de Santos, batizada Domitila de Castro Canto e Melo, carinhosamente alcunhada de Titília. Foi uma paixão daquelas! Avassaladora, transcendeu os limites da discrição esperada de um homem na posição dele. À época, espalhou-se o boato que a Imperatriz Leopoldina morrera de desgosto pela infidelidade desrespeitosa do marido, o que lhe provocou o aborto mortal. Titília não fez nada para que a Imperatriz morresse, mas fez planos para seu futuro após a morte da matriz; afinal, era sua chance de deixar de ser a filial. Não logrou êxito, e saiu do Rio de Janeiro praticamente escorraçada pelo Imperador.

Seguindo a dinastia, D. Pedro II também teve uma amante, Luísa Margarida Portugal e Barros, a Condessa de Barral. Mas essa paixão foi mais contida, mais discreta. Ela era preceptora das filhas do Imperador, e foi assim que se conheceram. Essa paixão durou 34 anos, uma vida! Ambos eram casados, mas o marido dela vivia na Europa e ela no Rio Janeiro, cuidando da educação das princesas. Petrópolis e o paço de São Cristóvão foram os palcos dos encontros.

Quando as princesas se casaram, Luísa voltou para a Europa e foi então que começaram as viagens de D. Pedro II. Ele viajava, oficialmente, para levar o Brasil ao exterior, mas suspeita-se de que ele queria mesmo era matar as saudades de sua amante.

Já nos tempos republicanos, alguns registros são dignos de nota. O primeiro é Getúlio Vargas, homem sempre lembrado pela implementação das leis trabalhistas no Brasil, grande conquista dos trabalhadores. Teve mais de uma amante, mas o grande amor de sua vida foi Aimée Lopes, casada com seu amigo e oficial de gabinete, Luiz Simões Lopes. O presidente dava altas escapadas vespertinas para encontrar-se com Aimée. Não existiam motéis no Rio de Janeiro à época, mas Getúlio contou com a cumplicidade de Iedo Fiúza, diretor do DNER, como o motorista que os levava a uma *garçonnière* chamada de "ninho de amor" pelo presidente. Getúlio chegou, inclusive, a levá-la em viagens oficiais nas quais D. Darcy estava presente, e em uma delas houve até constrangimentos. Simões Lopes, o marido traído acabou descobrindo o romance e separou-se de Aimée, que optou por ir-se embora do Brasil: primeiro foi para Paris e depois para os Estados Unidos, onde casou-se com um milionário e foi eleita uma das três mulheres mais elegantes e bem vestidas do mundo. Sua partida fez com que o presidente até adoecesse, tamanha a tristeza que sentiu por separar-se da amada.

Juscelino, ao contrário de Getúlio, era um homem sedutor, galanteador. Entre suas amantes, uma ele realmente amou: Maria Lúcia Pedroso. O romance durou 18 anos, até a morte do presidente. Parece que o acidente em que ele desencarnou ocorreu na volta de um encontro com Maria Lúcia.

Lula foi outro presidente galanteador, um "namorador emérito", como o qualificou o jornalista Ricardo Noblat. Sua amante mais, digamos, "companheira", foi Rosemary Noronha, que assumiu a chefia do escritório da Pre-

sidência da República em São Paulo. Rosemary é investiga-
da pela Polícia Federal na Operação Porto Seguro, acusada
de tráfico de influência e venda de pareceres picaretas. Lula
nunca deu qualquer explicação a respeito; ficou até afônico
na época em que o escândalo estourou e quando declarou
alguma coisa, disse tratar-se de "assunto íntimo". Concor-
do, desde que não prevaricassem com dinheiro que não era
deles.

Esta mesma lógica vale para Fernando Henrique
Cardoso, cujo caso extraconjugal veio à tona muitos anos
depois do término de seu mandato, com alguns detalhes
repugnantes, ai, ai, ai. FHC foi burro de se meter com uma
jornalista, membro do lendário quarto poder, alguém que
tem os meios possíveis para pôr a boca no trombone. E foi
exatamente o que fez Miriam Dutra. Ela teve um caso de
seis anos com o ex-presidente, senador à época, e jura de
pés juntos que teve um filho dele. FHC assumiu o garo-
to, ainda que o exame de DNA demonstrasse que ele não
era o pai, e toda a sua educação no exterior, mas quando
o menino virou um homem de 23 anos, Miriam resolveu
revelar os detalhes. Se o que ela alega é verdade, isto é, que
FHC mandava dinheiro para ela por meio de uma empresa
de produtos importados (Free Shop), estaremos diante de
uma bela escorregada do ex-presidente. Mas, vamos combinar, é uma escorregada sutilíssima perto das patinadas,
esquiadas e outras manobras ilícitas dos petistas e outras
figuras a eles ligadas.

Talvez FHC deva explicações à Receita Federal. E,
comprovado qualquer ato ilícito, deve receber a punição
correspondente. O que é estranho é a criatura decidir abrir
o bico tantos anos após o rompimento. Tenho cá pra mim
que FHC parou de lhe pagar a mesada ou de fornecer grana ao seu filho, o homem de 23 anos que há pouco tempo
ganhou do pai "adotivo" um apartamento no valor de 200
mil euros. Pelos padrões de Brasília, é um imóvel confortá-
vel, mas até modesto, se comparado ao triplex do Guarujá,

cuja propriedade ainda está "mal explicada". Miriam Dutra está ressentida, amargurada, e nada pior do que isso para os homens de seu passado. Em se tratando de um homem poderoso, esse ressentimento se torna uma perigosa arma de vingança.

A história demonstra que certos relacionamentos românticos estão intrinsecamente ligados ao poder. O problema das relações extraconjugais é só deles, de mais ninguém, é de foro íntimo; mas o problema do dinheiro público é nosso, de 200 milhões de pessoas. Desde que os relacionamentos "escondidos" não resultem em farra com nosso dinheiro ou em abuso de poder, esses fanfarrões podem se deleitar à vontade com suas amásias.

SINTO VERGONHA, LOGO EXISTO[1]

Quando era candidato à presidência da Câmara dos Deputados, no início do ano de 2015, Eduardo Cunha afirmou que trabalharia para que seus colegas perdessem a vergonha de dizer que são deputados.

Seria trágico, se não fosse tão cômico. Quase gargalhei ao ler isso. Pensava que tais indivíduos eram desprovidos desta capacidade — a de sentir vergonha.

Por que ter vergonha de dizer que se é deputado? Ninguém é obrigado a assumir tal cargo, ao contrário, chegar lá demanda esforço; a pessoa deve, espontaneamente, candidatar-se, concorrer a uma eleição, ganhar e tomar posse. São, portanto, no mínimo, quatro etapas a serem vencidas para se tornar um deputado (sem entrar no mérito das disputas intrapartidárias): a vontade própria, a aprovação da candidatura pelo TSE, ser "eleito" nas urnas ou no coeficiente partidário e a assinatura do termo de posse. Ora, se uma pessoa sente vergonha, tem até o momento da assinatura para abrir mão da nefasta tarefa que tanto a embaraça. E, claro, pode renunciar a qualquer momento.

Vergonha sinto eu, e muita. Sinto até uma vergonha que não é minha, ou, pelo menos, não deveria ser. Por exemplo, depois da quase gargalhada inicial — reação imediata à descabida declaração —, fiquei envergonhada de ver

---

1 Frase de Vladimir Soloviev, filósofo e poeta russo (1853-1900).

que o tal parlamentar teve a falta de vergonha de abrir a boca para dizer uma coisa dessas. Suponho que ele tampouco sinta vergonha dos inúmeros processos que correm contra ele, incluindo a condição de réu no caso escandaloso de corrupção na Petrobras.

Sinto-me envergonhada também de viver num país que ocupa o 76º lugar num *ranking* que mede a corrupção, num total de 167 países. Com tantos mecanismos de transparência e controle existentes (que são supereficientes com o vigésimo escalão do serviço público), eu esperava, francamente, que estivéssemos mais bem colocados. Mas a Operação Lava-Jato está aí para nos mostrar que o poço é bem mais fundo, e que há algo além da camada de pré-sal.

Sinto vergonha (e revolta) de viver num país cuja constituição é desrespeitada tranquilamente, a começar por seu artigo primeiro. Já foram inúmeras as situações que demonstraram que nem todos os cidadãos são iguais perante a Lei; alguns cidadãos, aliás, se vangloriam ou se vangloriavam de ser, digamos, "especiais", mas não vou perder tempo nem gastar linhas citando o que todo mundo sabe.

E falando em desrespeito às leis, até hoje morro de vergonha da votação que ocorreu no Congresso Nacional no final de 2014, e que derrubou a meta fiscal prevista. Com essa votação é possível constatar dois fatos, igualmente vergonhosos: (i) o povo foi impedido de entrar na chamada "Casa do Povo"; e (ii) nosso parlamento é formado por um grupo significativo de vendidos.

Envergonho-me com a possível falta de liberdade que Dilma teve para escolher seu ministério, no início de seu segundo mandato. Parece que um grande doador da campanha não ficou contente com uma indicação e quis impedir a nomeação que o desagradava. Afinal, foi para que mesmo que ele doou recursos para a campanha? E isto me faz ter vergonha de viver num país que movimenta bilhões nas campanhas políticas, com razões bastante claras, como estamos vendo a Operação Lava-Jato desnudar.

É envergonhador viver num lugar onde predomina o toma-lá-dá-cá no cenário político. É vergonhoso e desanimador perceber o privado se apossando do público, natural e impunemente. Senti uma vergonha revoltante ao ver o MEC destinar 250 milhões de reais para um único projeto, a construção do Campus do Cérebro, no Rio Grande do Norte, diante de tantos problemas urgentíssimos e básicos que o sistema educacional brasileiro tem, como todos sabemos muito bem. Aliás, também tenho vergonha do tal projeto, de cujos resultados preliminares tivemos uma amostra em singelos sete segundos na abertura da Copa do Mundo.

Tenho e, ao que tudo indica, ainda terei muito do que me envergonhar, já que o futuro não se afigura nada auspicioso. O jeito é assumir o rubor da face, pois me dá vergonha e me entristece estar rodeada por tanta sem-vergonhice, ainda que não seja eu a responsável pelos atos vergonhosos, nem sequer indiretamente, pois não votei nos responsáveis.

Ufa! Pelo menos dessa vergonha eu não padeço.

Nossos líderes, nossa História

Como já comentei anteriormente, aprecio História e os personagens que influenciaram os fatos marcantes que antecederam este presente tão insólito. E fico pensando: o que será que Ruy Barbosa, célebre senador brasileiro (mas péssimo Ministro da Fazenda) e o mais brilhante e talentoso político, pensaria sobre o baixíssimo nível da política neste início do século XXI? Será que ele imaginou que algum dia, no futuro, senadores e ex-presidentes da República que ele ajudou a erguer seriam investigados por crimes? Que estas mesmas figuras políticas seriam capazes de proferir palavras de baixo calão do alto da tribuna, ou em ligações perigosas? E mais, de ir às vias de fato, com agressões verbais e físicas?

Certamente que não. Nem nós, contemporâneos, esperaríamos tanto descalabro. A decadência ronda a política brasileira há tempos, e temo que ainda não estejamos vivendo o auge dessa decadência, mesclada com uma insensatez tão insana quanto cínica. A cada dia se descortinam novos fatos, novas informações, e assistimos à nossa nação ser saqueada por todos os lados, independente de ideologias. Chegamos ao auge quando um partido instituiu o saque da nação como *modus operandi* de arrecadação para perpetuar-se no poder. Ao que parece, é isso que se depreende dos depoimentos e delações decorrentes de investigações por corrupção, notadamente da Operação Lava-Jato.

Ruy Barbosa deve estar se revirando em seu sono eterno, tamanhos os pesadelos produzidos pela pátria que ele tanto amou e honrou. "Honra", aliás, é léxico esquecido, palavra que os mais jovens devem pensar ser de outra época, como "pharmacia", há muito tempo extinta do uso cotidiano. Muitos dos atuais políticos simplesmente a riscaram de seus dicionários, de suas vidas e atitudes cotidianas.

Ruy era um líder, uma sumidade, um talento único, é verdade. Nossa pátria sempre teve ao longo de sua História líderes fortes, que congregaram o povo num ideal, e Ruy foi um dos primeiros da era republicana. Tivemos outros, como Getúlio Vargas, Luiz Carlos Prestes, Juscelino Kubitschek, Tancredo Neves, Ulysses Guimarães.

Lula poderia ser colocado na minha lista, mas não fez o dever de casa. A Esplanada estava lotada quando de sua primeira posse como presidente. Foi um momento e tanto de nossa História, que desembocou em agosto de 2015 num boneco inflável, gigante, vestido de presidiário... na mesma Esplanada, apenas 13 anos depois daquele dia mágico. As provas e testemunhos necessários já estão devidamente apurados — Lula é réu — e o "dia mágico" será lembrado como o início do pesadelo e da derrocada de uma nação que estava pronta para deslanchar.

Dilma, por sua vez, nunca liderou nada. Simplesmente, ela parece incapaz de liderar a roubalheira, e muito menos uma mudança de comportamento em seus comandados e correligionários. Duvido que tenha liderado sua campanha um só dia, e como a péssima líder que sabemos que é, admitiu que demorou a perceber a crise, mas não assumiu a responsabilidade por ela.

O que mais me entristece é que Dilma foi a primeira mulher a presidir o Brasil. Tive alguma esperança no início de seu primeiro mandato, simplesmente porque ela é mulher. Hoje, sinto-me triste, traída, até, pois ela deixou uma marca muito negativa da capacidade feminina: querendo ou não, ela representou a nós todas, e além de tristeza, sinto vergonha.

A esperança do povo escasseia dia após dia. Não temos um líder que nos entusiasme, alguém verdadeiramente comprometido em fazer da política um meio de tornar nossa pátria melhor para todos. Vemos, sim, um bando de gente despreparada e ávida por enriquecer e fazendo qualquer coisa para permanecer no poder, numa espécie de releitura do "voto de cabresto". E é essa falta de esperança e de compromisso que muito provavelmente impede a ascensão de novos e verdadeiros líderes.

Eu compreendo: é realmente difícil que alguém de bem queira se misturar a esse meio, e a meia dúzia de gatos pingados que se arrisca não se destaca.

Estou triste, e percebo muita gente triste também. O desfecho disso tudo pode ser até trágico, mas estou certa de que precisamos passar por isso para aprender, crescer e aparecer como nação. Até lá, vamos acompanhando com atenção os desdobramentos dos fatos nestes tempos nefastos. É um momento importante de aprendizado para o exercício da cidadania.

ATUALIZANDO DRUMMOND

Querido Sr. Drummond,

Tive oportunidade de ler sua crônica "Civilização", neste ano da graça de nosso senhor de 2016, que em agosto completou 29 anos de seu falecimento.

É, meu caro Sr. Carlos, sua obra ficou mesmo para a posteridade. Quando o senhor morreu, eu tinha apenas 12 anos e não estava tão inteirada do significado de seu nome, de sua poesia, de sua prosa, de sua pessoa e de sua imensa e inigualável contribuição à nossa cultura.

Mas voltando à crônica, quero unir minha voz (e minha escrita) à sua e também aproveitar para atualizá-lo. Afinal, após tantos anos, algumas coisas mudaram.

Para início de conversa, o Instituto Brasileiro de Desenvolvimento Florestal não existe mais. Temos dois órgãos que cuidam do meio ambiente: o Instituto Brasileiro do Meio Ambiente e dos Recursos Naturais Renováveis, o IBAMA; e o Instituto Chico Mendes de Conservação da Biodiversidade — ICMBio. Confesso, não sei a diferença entre os dois, acho até que eles existem só mesmo para garantir mais cargos de confiança para a companheirada. De qualquer forma, isso já é uma mudança.

A caça está proibida no Brasil pela Lei 9.605 de 2008; exceto, é claro, para aqueles que têm licença ou autorização. Uma leve mudança, digamos assim. De qualquer maneira, não conheço ninguém, nem nunca ouvi falar de alguém que cace. Nem em Brasília, nem em Minas. Talvez na roça ainda cacem eventualmente umas pacas ou macacos para comer, como antigamente, mas se o fazem, ignoram completamente essa coisa de autorização.

Vou abrir meu coração para o senhor, seu Carlos. Eu acho que antes, com todo respeito à sua crônica, era melhor do que hoje, apesar do incremento regulatório. É que aumentaram enormemente os crimes também. A caça legalizada, com autorização, parece realmente não trazer grandes problemas, se comparada à caça ilegal, com o intuito de traficar nossos animais, os mais preciosos. Sorte a sua não ter vivido para saber desta barbárie, uma covardia sem limites, já que os bichinhos (estou falando de araras, tucanos, canários, macacos) são submetidos às piores condições. O preço deles no mercado (ilegal) é altíssimo; para nós e para nossa biodiversidade, seu valor é incalculável. Como o senhor pode ver, a caça de animais silvestres ganhou outros contornos, e piorou muito.

Outro inimigo aflige nossa fauna e nossa flora: as queimadas. Todos os anos, no cerrado, especialmente em Minas, Distrito Federal, Goiás e Mato Grosso, milhares de hectares são covardemente queimados. De propósito, crime, mesmo. Em muitas áreas, que abrigam espécies em perigo de extinção e ecossistemas muito especiais, não se pode criar gado ou ter plantações, então os proprietários, fulos da vida, tacam fogo. Acabam com a flora, e os animais que não morrem queimados, fogem.

Não bastasse isso, vêm empresas grandes explorar nossa riqueza mineral, não tomam os devidos cuidados com a conivência do poder público e fazem de nossa Minas Gerais uma vítima do pior desastre ambiental de que se tem notícia: mataram o Rio Doce, e com ele todo um ecossistema. Pessoas perderam tudo, suas casas, suas vidas foram levadas por uma lama insalubre, deteriorante, mortal. Parece que o IBAMA e o

ICMBio fizeram alguma coisa, mas pouco demais em proporção ao dano causado.

E a impunidade reina, em todos os casos e de todos os lados possíveis.

Olha, seu Carlos, sobre sua conclusão na crônica "Civilização", tenho a dizer que permanecemos na mesma: o exato sentido da palavra civilização ainda não foi encontrado, fique o senhor sabendo. O senhor morreu sem entender isso. Pelo visto, eu também morrerei sem compreender.

O mundo, e em especial o nosso Brasil, parece estar *involuindo* no que diz respeito à civilidade. Uma baixaria louca toma conta do nosso país, e junto com ela vem a falta de cultura, a falta de visão, a falta de compaixão para com os menos favorecidos e os indefesos.

É assim que estamos nos autodestruindo. A impunidade reinante é o principal tempero desse descontrole, e nossa "civilização" talvez não deixe marcas para o futuro. Do jeito que a coisa vai, é possível que não sobre pedra sobre pedra, nem fóssil, nem restos arqueológicos. O fogo destruirá tudo. Talvez jamais alcancemos o *status* de civilizados e, por isso mesmo, apaguemos os rastros de nossa própria existência.

Pensando bem, tomara! Porque já sinto vergonha do futuro.

O OBSCURANTISMO VAI À ESCOLA

U m debate que é incansável na mídia gira em torno do ensino religioso nas escolas públicas. Apesar de interminável, merece atenção, especialmente porque nossa Constituição estabelece que o Brasil é um Estado laico e, assim sendo, essa disciplina não se enquadraria na definição de escola pública, ou seja, pertencente ao Estado e, consequentemente, também laica. Neste ponto, já deixo meu modesto e desimportante veredicto: sendo laica, deveria abster-se de lidar com assuntos de fé religiosa.

Religião, qualquer que seja, é cultura. Se cabe às escolas apresentar aos alunos os aspectos culturais do Brasil (e cabe), então, o ensino de música e o ensino de folclore, por exemplo, também deveriam ser disciplinas nos currículos escolares.

Tive a sorte de estudar numa escola pública que não tinha aulas de ensino religioso (como católica, eu frequentava a catequese de minha paróquia, mais do que suficiente para a formação cristã que minha família preza), mas tinha aulas de música por dois anos, nas antigas 5ª e 6ª séries. Havia até um coral que fazia apresentações periódicas, em datas comemorativas.

Aprendi tanto nessas aulas! Aos 12 anos, eu sabia quem era o Chico Mineiro (inesquecível aprendizado). E comecei a entender e admirar a MPB, o samba, a música verdadeiramente sertaneja. Aprendi um pouco sobre instrumentos musicais, orquestras, música clássica. Nossa, na época eu não compreendia o significado disso, era muito imatura. Hoje, só tenho a agradecer: obrigada, Profa. Hebe!

Mas que escola dá aulas de música hoje em dia? Em compensação, o ensino religioso está em todas. Tanto a Lei de Diretrizes e Bases da Educação quanto a Constituição Federal dizem que o ensino religioso é de "matrícula facultativa". É competência dos sistemas de ensino dos Estados e municípios definir os conteúdos, bem como as normas para habilitação e admissão de professores. Ocorre que, em 2010, o Brasil assinou um acordo com o Vaticano (Decreto 7.107/2010), e um artigo específico diz que a matrícula é facultativa, mas o ensino religioso "constitui disciplina dos horários normais das escolas públicas de ensino fundamental, assegurado o respeito à diversidade cultural religiosa do Brasil, em conformidade com a Constituição e as outras leis vigentes, sem qualquer forma de discriminação".

Ao que parece, o Vaticano esperava que se ensinasse o catecismo nas escolas. Talvez esse acordo tenha sido uma tentativa desesperada de conseguir mais fiéis ou, pelo menos, diminuir a evasão da Igreja Católica. Ledo engano: os evangélicos estão dominando o pedaço e o número de católicos continua caindo.

Ora, quem quer que seu filho aprenda religião na escola, que o coloque numa escola católica, batista, israelita ou budista, de acordo com a sua fé. Não tem dinheiro para pagar escola particular? Participe de sua comunidade religiosa; geralmente essa participação é grátis. Naquelas onde o dízimo é obrigatório, a família vai pagar de todo jeito, então que aproveite as benesses, que sua igreja seja responsável pela educação religiosa de seus filhos, conforme seu interesse e sua fé. Acho isso muito legítimo, ainda mais diante da realidade que frequentemente se apresenta: professores evangélicos incitando a discriminação contra outras religiões, especialmente as de origem africana, como o candomblé e a umbanda.

Uma busca simples na internet mostra diversos casos de *bullying* religioso nas escolas, principalmente contra crianças praticantes dessas religiões. Em Brasília, de quando em vez, ocorre algum incêndio criminoso em terreiros umbandistas — uma intolerância religiosa cada vez mais frequente em nosso país, chega a dar medo. E é essa intolerância que vem sendo propagada em muitas escolas ante o despreparo dos professores, que veem no ensino religioso uma oportunidade de divulgar a *sua* fé, em detrimento do aspecto cultural que todas as religiões têm a oferecer, um obscurantismo que, pouco a pouco, vai ocupando mais espaço.

Eu diria, a grosso modo, que se gasta um tempo precioso "ensinando" algo de importância secundária, e que ocupa o espaço de matérias mais significativas na formação de um cidadão, tempo que poderia ser melhor aproveitado com aulas de matemática, por exemplo, disciplina em que somos contumazes perdedores nos *rankings* internacionais há algumas décadas.

Mas ainda há esperança. O Ministério Público Federal entrou com uma Ação Direta de Inconstitucionalidade no STF em 2010 — ADI 4.439 —, questionando a obrigatoriedade do ensino religioso nas escolas públicas. Em 2015, a Suprema Corte realizou uma audiência pública para debater o tema, mas até o momento (2016) não decidiu a respeito. Aguardemos.

Sobre rótulos e preconceitos

Certa vez, comentei com um colega a respeito de uma crônica política de um jornal bem conhecido e, digamos, de bons antecedentes. E ouvi, simplesmente: "Ah, mas o autor é o maior coxinha que existe". Eu, sem ter a menor ideia do que fosse coxinha, disse apenas que havia gostado muito da crônica e recomendava a leitura, pois o assunto poderia lhe interessar.

Evidentemente, fiquei curiosa, e fui procurar saber o que mais podia ser coxinha, além do delicioso (e calórico) salgadinho. Descobri o que era e fiquei indignada, ao concluir que tal termo não passa de um rótulo. Meu colega, sabendo que o autor cuja leitura eu havia recomendado era tido como "coxinha", sequer leu o que ele havia escrito, e o pior é que aposto que esse colega concordaria com o conteúdo da crônica.

Sou extremamente a favor de se rotular produtos — os rótulos informam a composição e nos ajudam a escolher um alimento, um produto de limpeza, um cosmético etc. O produto não vai mudar, e, caso haja mudança de qualquer componente da fórmula ou do peso da embalagem, o rótulo terá que informar isso. Detalhe: essa informação é seca, não qualifica nem desqualifica o produto, simplesmente diz o que ele contém. Ou não, como é o caso do glúten.

Essa mesma lógica, no entanto, não se aplica a pessoas. O rótulo para pessoas é sempre desqualificador, e eu ainda acrescentaria que é limitante, pois, em última instância, impede que outros possam formar sua própria opinião a respeito de alguém ou de alguma ideia ou conceito que venha do rotulado. Por exemplo, já se descarta o fulano e tudo o que venha dele, simplesmente porque é tido como "coxinha", um conceito, aliás, bastante paradoxal, a meu ver. Pelo que entendi, a origem disso parece estar associada à ideia da "zelite branca", e assim fica fácil entender qual o seu objetivo.

Que fique claro: sou branquela, mas não sou *dazelite*. Estudei em escola pública, meus pais não têm nível superior e deram um duro danado para que meus irmãos e eu estudássemos, porque são poucos os que estudam em escola pública e conseguem entrar nas universidades federais e estaduais, ainda mais na minha época, quando não havia qualquer tipo de cota. E tem mais: tenho antepassados maternos negros, apesar de meu fenótipo branco-leite--azedo. O que quero dizer com tudo isso é que podem até me chamar de coxinha, mas estarão conceitualmente errados. Como também deve estar equivocada a atribuição desse "título" a muita gente. Para mim, está muito claro o objetivo de se rotular alguém como coxinha: pretende-se desqualificar previamente a pessoa e tirar o foco do argumento que ela apresenta, que é o que realmente interessa.

No entanto, parece importar a muita gente garantir que certas ideias não sejam sequer conhecidas. Discutir ou debater a respeito, então, de jeito nenhum! Desvia-se o foco da argumentação e o assunto fica limitado a algo que pouco ou nada interessa, como o "fato" de o autor de tais ideias ser coxinha. Mas o que me deixa horrorizada é que artifícios como esses pegam de verdade, inclusive para gente com bom nível cultural — isso chega a ser desesperador!

Infelizmente, nossa sociedade ainda não está preparada para perceber armadilhas como esta. Chamar alguém de coxinha parece zoação, mas por trás disso há algo perverso. Rotular as pessoas é perverso, principalmente porque qualquer ser humano é complexo demais para ser reduzido a um único conceito prévio.

Sim, trata-se de um preconceito. E no meu caso, já que sou escorpiana e carrego todos os rótulos advindos de minha data de nascimento, posso garantir que sou bem mais complexa e, como qualquer ser humano, sou toda contradições e paradoxos. E me acho normal, normalíssima. Ou não?

Feriadão de Páscoa?

Sou católica, e entendo perfeitamente o sentido da Semana Santa e da Páscoa, pois recordar esses momentos da vida de Cristo é a essência de todo o cristianismo e da própria cristandade. Mas qual o sentido disso para quem não é cristão?

Penso que, sendo o Estado laico, não deveria haver feriado religioso algum. As datas comemorativas e santas de judeus, por exemplo, estão no calendário oficial? Não. De budistas? Tampouco. E de umbandistas? Também não. O que dizer das datas importantes de muçulmanos? Não, não há esse tipo de feriado no Brasil. Então, por que algumas datas cristãs, e especialmente católicas, são destacadas? Somos melhores? Não, não somos, e está tudo errado.

A única explicação que encontro para isso é ainda o resquício do Império, com enorme influência dos Bragança, quando ser católico era lei e a inquisição estabelecia que todos deveriam professar a "fé verdadeira". Assim, esse mofo imperial da catoliquíssima família Bragança perdura em nosso calendário republicano, ainda que a Constituição determine que o país é laico.

Incoerente ou não, o fato é que a Sexta-Feira da Paixão é feriado nacional. Para mim e a maioria dos brasileiros, o feriado é apenas neste dia. Mas os magistrados de nosso Brasil decidiram se dedicar ao recolhimento e jejum desde segunda-feira (mesmo porque são to-dos cristãos, claro, ninguém é ateu, budista, judeu etc.). Só que não... Fala sério!

O pior é que uma lei de 1966 concede feriados extras à Justiça Federal e aos tribunais superiores. No caso do feriado da Semana Santa, começa, para eles, na quarta--feira, mas não satisfeitos, os tribunais STF, STJ, TSE, TST e os TRFs resolveram emendar a segunda e a terça-feira; afinal, para que trabalhar só dois dias na semana? Aqueles que obedecem à lei rigorosamente, os magistrados do CJF, CNPM e CNJ, têm feriado a partir de quarta.

Então, eu pergunto: cadê o nosso legislativo, que ainda não revogou uma lei sem-vergonha como essa? O povo rala muito para sustentar os feriados extras dos meritíssimos, e mesmo que todos os processos judiciais estivessem em dia e não houvesse uma fila gigantesca aguardando decisão, não encontro justificativa plausível para tamanha folga.

Juiz no Brasil se acha deus. Só não dá para saber que tipo de deus, porque o Deus das escrituras sagradas de judeus e cristãos trabalhou duro, e só descansou quando acabou o serviço, no sétimo dia.

Mas essas mamatas não são só no Brasil, não, minha gente. No Uruguai, a Semana Santa é chamada Semana do Turismo. Procurei o calendário oficial do vizinho na internet e vi que a "semana do turismo" compreende a quinta e a sexta-feira santa. Ocorre que o serviço público de lá, como os magistrados de Pindorama, começa a "turistar" na segunda-feira. O nome "Semana do Turismo" foi dado por uma lei de 1919, quando o Estado Uruguaio passou a ser laico. Outros feriados religiosos também se mantiveram, disfarçados sob um novo nome: o Natal, por exemplo, é o "Dia da Família".

É claro que gosto de um feriado, como brasileira da gema que sou, mas acho feriados cató... *ops*, religiosos injustos para com outras religiões, e não combinam nem um pouco com o conceito de estado laico. Aqui em Brasília, por exemplo, para contrapor ao feriado de Nossa Senhora Aparecida, foi criado o dia dos evangélicos, um feriado distrital. Os evangélicos querem um feriado de dia santo para eles também! Nada mais justo, considerando a confusão de laicismo oficial com festas religiosas. O certo mesmo seria não ter nenhum feriado associado a dia santo, e cada cidadão poder vivenciar sua religião e celebrar seus ritos sem que estes constem do calendário oficial.

Aliás, um grande acerto de nossa constituição é a liberdade de culto religioso. Num país tão grande e tão diverso, com tantas etnias formando a nossa população, nada mais justo do que todos serem livres para ter sua religião e celebrá-la como bem lhes aprouver.

SANTAS OU PUTAS, QUEM NOS JULGA?

Quando a atriz Deborah Secco completou trinta e cinco anos, linda, corpo perfeito e talentosa na profissão que escolheu, saiu uma matéria na internet sobre a atriz que trazia um porém no título: "35 anos (...) sem um amor".

Resolvi ler a matéria só por isso. Achei um absurdo a cobrança, pouco velada, de que a moça tivesse que estar casada, com filhos, cachorro e papagaio. Senti compaixão por ela. Se ela era cobrada por isso na internet, imagine à boca pequena, nos círculos que frequentava, coitada!

E esse episódio me trouxe à tona um dos temas recorrentes de meus bate-papos conjugais: o quanto é difícil ser mulher. Eu mesma fui muito cobrada (muito mais por amigos do que por familiares) pelo fato de não ter me ligado fortemente a ninguém durante muito tempo; me casei "velha", com 32 anos, e ainda ouço cobranças para engravidar, com aquela conversa de que "uma mulher não é completa se não tem filhos". Cá pra nós, existe frase mais machista e invasiva? O pior é que frequentemente esse tipo de pensamento é decretado por mulheres.

Tive meu primeiro namorado aos 16 anos, e não fosse meu sonho de independência emocional e financeira, teria me casado logo após ter terminado a faculdade. Hoje, talvez eu tivesse uma família de comercial de margarina (ou não, vai saber), mas preferi jogar para o alto essa perspectiva. Antes de me comprometer, resolvi estudar mais e ir atrás de meus sonhos — os meus sonhos pessoais, só meus.

Aos 30, já havia conquistado meus principais objetivos e estava estabelecida na vida: morava e me sustentava sozinha havia anos, era a dona do meu narizinho e tinha o respeito de meus pais que, aliás, nunca me cobraram ter ou não alguém. A essa altura, estava muito satisfeita e certa de que viveria sozinha, afinal não precisava de ninguém para atrapalhar meu sossego e minha liberdade. Já tinha vivido algumas aventuras amorosas, experiências, penso, até incomuns para a maioria das mulheres. Estava definitivamente bem resolvida e não estava à caça. Mas, como minha vida é envolta em paradoxos, o destino jogou no meu colo um homem maravilhoso e me convenceu a mudar de ideia.

Depois de casada, tenho aturado as cobranças de gravidez e filhos que, em 99,99% dos casos, vêm de mulheres. A matéria que li sobre a Deborah Secco não trazia o nome do autor, mas posso apostar que foi uma mulher quem escreveu. Um homem jamais prestaria atenção ao detalhe de que a atriz estava só, já que ela conta com tantos atributos e aspectos interessantes em seu fenótipo e em sua biografia.

Além dessas cobranças todas, há outras situações que dificultam nossa vida de mulher no Brasil: temos que ser "santas". Um comportamento incomum, ou algo que seja considerado um pequeno deslize, é suficiente para que sejamos rotuladas de "piranha" e "vagabunda". Temos que estar sempre atentas às roupas que usamos, para não passar uma mensagem equivocada sobre nossa personalidade, nossos interesses ou intenções. Precisamos estar sempre magras, cheirosas, bem-dispostas e bem-humoradas, para não sermos chamadas de "mal-amadas" ou, pior, "malcomidas" — com o perdão do péssimo termo, mas é exatamente assim que acontece —, independente de como está nosso dia ou nossa situação financeira ou nossa vida particular ou a saúde de nossos pais. Se nossa casa não está um brinco, somos porcas e desorganizadas, ainda que vivamos com um marido e filhos adolescentes que poderiam ajudar a pôr ordem na bagunça, do mesmo jeito que ajudam a bagunçar. E a cereja do bolo: um cargo de chefia ou sucesso profissional só pode ter sido obtido porque a moça tem um caso amoroso com algum bambambã que a premiou, nunca por méritos próprios e à custa de muito trabalho.

O pior é constatar que há, com uma frequência significativa, chefes que assediam funcionárias bonitas com a promessa de êxito profissional. Negada a "oferta", começa a perseguição. Testemunhei uma situação dessas em meu ambiente de trabalho. A moça que sofreu o assédio é um exemplo para todas nós: não se deixou abater, foi às instâncias superiores e conseguiu que o homem imoral fosse impedido de assumir cargos de chefia por um bom tempo. Não foi fácil vencer essa parada, porque além da pressão no ambiente de trabalho, ela foi vítima de uma vil difamação. Felizmente, ainda que de maneira tácita, o tal homem tornou-se *persona non grata* por aquelas bandas.

No entanto, esses exemplos ainda significam pouco perto do que grande parte das mulheres sofre, como violência física e psicológica. Algumas são responsáveis pelo sustento de seus maridos ou filhos adultos que não trabalham, e ai delas se a comida não estiver pronta na hora certa. E não podemos nos esquecer das mães e mulheres de presos, que passam pelas mais diversas humilhações e agressões, vindas de todos os lados da sociedade, da comunidade e até de suas próprias famílias.

Ser mulher não é tarefa das mais fáceis, e, dependendo do contexto social e familiar em que estejam inseridas, os sofrimentos e as perseguições fazem de muitas delas verdadeiras mártires sociais, ante a certeza da impunidade de seus agressores.

Apesar de estarmos cronologicamente no século XXI, em muitos aspectos de nossos costumes ainda estamos apegados aos séculos XIX e XX. E não acredito que isso ocorra por acaso; me parece ser fruto da contínua e incentivada pobreza que caracteriza nosso país, não tanto a material, mas principalmente a intelectual.

Do sufrágio feminino à lei do feminicídio

Embora existam vários motivos para reclamação, sempre é bom lembrar a sorte de ter nascido no final do século XX no Brasil. É que, sendo mulher, faz muita diferença a data e o local onde nascemos e vivemos.

Até o início do século XX, era muito difícil ser mulher em qualquer lugar do mundo. Não tínhamos direito a quase nada, não podíamos ter vontade própria, não nos era dado o direito de gerenciar nosso próprio dinheiro. Sequer podíamos escolher com quem nos casaríamos, nem os nomes dos nossos filhos. Dependendo do marido, não dava nem para olhá-lo de frente, pois ele poderia sentir-se afrontado. E era normal que um homem batesse em sua mulher quando ela precisasse de um *corretivo*. Éramos consideradas inferiores, intelectualmente incapazes e desequilibradas, e isso nos desabilitava a tomar decisões. Votar? Nem pensar. Para isso tínhamos nossos maridos, pais, irmãos e filhos que nos representavam melhor do que ninguém. Se a mulher era *insubordinada* a ponto de o marido expulsá-la de casa, ela não tinha qualquer direito sobre os filhos. Era assim a vida "normal" de uma mulher comum.

Tudo isso começou a mudar com as primeiras feministas, que lutaram pelo nosso direito de votar como qualquer cidadão do sexo masculino. E é disso que trata o filme "As sufragistas", que com uma história verídica provoca uma importante reflexão.

No Brasil, a "luta" pelo voto feminino foi bem mais suave do que no Reino Unido. Naquele país, durante décadas, as mulheres fizeram manifestações pacíficas para ter o direito de votar. Em vão. Mas no início do século XX, Emmeline Pankhurst liderou, em Londres, o movimento União Social e Política das Mulheres, que visava executar ações que chamassem a atenção da sociedade e do mundo inteiro. Eram covardemente reprimidas por força policial (masculina) em todas as suas manifestações, e o movimento teve uma mártir, que foi o gatilho para que alguma mudança ocorresse. Finalmente, em 1918, quando as mulheres britânicas assumiram efetivamente o papel dos homens que estavam lutando na Primeira Guerra, o voto lhes foi garantido.

Nas terras tupiniquins, o movimento pelo voto feminino começou em Mossoró, RN, em 1926, onde Celina Guimarães Viana obteve seu título de eleitora avocando um artigo da lei eleitoral de seu Estado. A partir de então, iniciou-se um movimento pelo voto feminino no Rio Grande do Norte e em outros Estados brasileiros. Na campanha presidencial de 1929, a plataforma de governo do candidato Getúlio Dornelles Vargas incluía a proposta de uma ampla reforma eleitoral, abrangendo também o voto feminino. Com o golpe de 1930, Getúlio assumiu o governo provisório e, em 1932, sancionou a lei que permitia o voto às mulheres, reservado em seu texto original àquelas que atendessem a alguns requisitos: (i) solteiras que tivessem economia própria e trabalho honesto; (ii) viúvas; (iii) casadas que trabalhassem fora e fossem autorizadas por seus maridos; (iv) desquitadas; (v) as chefes de família, devido à ausência do esposo; e (vi) as mulheres que haviam sido deixadas pelos maridos por mais de dois anos. Mas Getúlio foi mais prático e simplificou, sancionando uma lei em que todas as mulheres teriam o mesmo direito a voto que os homens, ambos com apenas uma restrição: serem alfabetizados. Ufa! Já nas eleições de 1934, a primeira mulher foi eleita Deputada Federal: Carlota Pereira de Queirós.

No entanto, apesar dessa tranquilidade no campo eleitoral, o Brasil se caracteriza por ser um país machista, sabemos bem disso. As mulheres tinham direito a voto, mas na prática seus maridos, pais e irmãos é que decidiam em quem elas votariam. Falo isso por conhecimento de causa, e não é coisa das antigas, não; estou certa de que em pleno século XXI, muitas mulheres ainda são coagidas em sua escolha eleitoral.

Apesar de legalmente estarmos amparadas para votar, ainda não temos plenitude de direitos em relação aos homens. A luta pela igualdade de gênero e pelo empoderamento feminino ainda persiste e é muito importante, mas o Brasil está em 85º lugar no *ranking* de desigualdade de gênero (2015), tento piorado 14 posições em relação a 2014.

A Lei Maria da Penha é tida como um grande avanço. Dentro de nosso contexto de violência contra a mulher, não há o que discordar, mas é duro precisarmos de uma lei como essa. Ela só existe porque a violência e a covardia contra milhares de mulheres necessitam de regulamentação especial. A própria polícia comum não está preparada para lidar com esse tipo de delito, porque é predominantemente formada por homens machistas.

Conheci uma mulher que me contou sua história. Ela apanhava do marido bêbado e ia para a delegacia denunciar, toda machucada. Humilhada, ouvia dos policiais, todas as vezes: "Você deve ser uma safada, deve ter merecido esses safanões". A realidade, minha gente, é essa aí. Ela parou de denunciar e um dia simplesmente se cansou, tomou coragem e saiu de casa com os filhos. Não tinha emprego, não tinha nada. Atualmente, é proprietária de um salão de beleza e seus filhos fazem faculdade. Ela não teve uma lei Maria da Penha que a amparasse, mas conseguiu sair viva antes que seu próprio marido a matasse. A criação de delegacias especializadas em crimes contra a mulher, portanto, é um passo enorme, importante, necessário... e triste.

A Lei Maria da Penha, contudo, não foi suficiente. Foi preciso ainda qualificar como hediondo o assassinato de mulheres pela simples de razão de serem mulheres: trata-se da lei do feminicídio. É duro, mas ainda é muito frequente no Brasil a existência de homicídios de mulheres simplesmente por serem mulheres, e, portanto, uma lei dessas também se faz necessária.

Nós, mulheres, convivemos em nosso dia a dia com pequenas gotas de machismo, digamos assim. Como servidora pública, vou a diversas reuniões nas quais, em geral, as mulheres são minoria, e raramente ocupam posição de destaque. Além disso, é muito comum vermos homens nos interrompendo, nos impedindo de concluir nosso raciocínio. Nessas mesmas situações, é passível e frequente que homens se apropriem de ideias de mulheres e levem o mérito. Isto, sem falar no sem número de cantadas que recebemos; sempre estamos sujeitas a ser "escaneadas", seja pelo *office boy* ou pelo chefe do chefe. E não nos esqueçamos das famigeradas piadinhas, tipo "mulher no volante", entre outras, que às vezes são ditas até involuntariamente por homens, pois estão tão entranhadas culturalmente que eles sequer percebem o quanto são ofensivas.

Acho que tenho sorte de ter nascido no final do século XX, no Brasil, comparativamente às gerações anteriores e a outros lugares. Mas talvez eu seria ainda mais sortuda se nascesse daqui a uns cem anos.

Trezes e trezes

Santo Antônio é tido para muitos como responsável por "arranjar" casamentos. E quando o dia de Santo Antônio cai numa sexta-feira 13, só posso concluir que é o dia ideal para simpatias.

Uma vez, fui envolvida numa simpatia de Santo Antônio que o próprio pároco da Igreja que tem o santo como padroeiro ensinou: a simpatia do Santo Antônio do Sequestro. Não valia um santo comprado, só ganhado. E eis que ganhei um santinho de uma amiga, à época igualmente solteira, e a presenteei com um também. A simpatia consistia em "sequestrar" o Menino Jesus que fica no colo do santo (e que é destacável), embrulhá-lo num pedaço de papel alumínio e colocá-lo no congelador, dizendo que o menino só seria devolvido quando o amor de sua vida batesse à sua porta.

Procedi à dita simpatia, mas não aguentei nem meia hora: não conseguia parar de pensar no menininho congelando e senti remorso de ver a imagenzinha do santo com o colo vazio. Devolvi sem ter a graça alcançada, pedindo mil perdões ao santo que, afinal, não tinha culpa nenhuma de não haver um homem sequer interessado em mim. E até hoje não entendi o que aconteceu, mas o fato é que em seis meses minha amiga e eu estávamos cada qual com seu respectivo namorado, hoje nossos maridos. Bem-sucedida em minha empreitada, achei por bem dar a imagem para outra amiga. Não me lembro mais para quem dei, mas as possíveis candidatas solteiras à época estão todas casadas.

Santo Antônio, que é português de Lisboa, é protetor dos pobres. Franciscano, fez como o mentor da Ordem: deixou uma vida de riqueza e dedicou-se a amparar os mais desfavorecidos e até a organizar comunidades. E aí vem a simpatia do pão de Santo Antônio: durante a Festa do Santo, a própria Igreja distribui pães bentos, que podem até ser comidos, mas a "fé" manda guardá-los com os mantimentos para que sempre haja fartura em casa. No ano seguinte, na missa, troca-se o pão velho por outro pão de Santo Antônio.

Conta-se que 13 é um número que dá azar, porque eram 12 os apóstolos de Cristo, 12 as tribos de Israel, e são 12 meses no ano... Já na Santa Ceia estavam à mesa 13 pessoas, num clima de desconfiança e despedida, e pronto: o 13 virou número de mau agouro. Por outro lado, para alguns, o 13 é número de sorte. Que o diga o famoso Zagallo, que ama o 13 por devoção a Santo Antônio e não por superstição, como se acredita por aí.

Deixando de lado o santo, diz-se que colher flores na sexta-feira 13 espanta o azar. Não sei se é verdade, e tenho até tido muita sorte na vida, mas esta é uma simpatia muito graciosa e que me faz sempre querer um jardim.

No entanto, apesar de ser simpatizante de simpatias e de amar Santo Antônio, o número 13 tem me causado os piores arrepios. Acho que essas superstições têm algum fundamento, porque o 13º ano de governo liderado pelo partido da estrela vermelha, cujo número é 13, foi, simplesmente, o início de uma derrocada aterradora para nosso país. Alguém aí tem uma simpatia, mandinga, reza braba ou qualquer coisa que nos livre para sempre deste 13 em particular?

VANITAS VANITATUM ET OMNIA VANITAS

"Vaidade das vaidades, tudo vaidade", já dizia o Rei Salomão no Eclesiastes, muitos séculos antes de Cristo, e vemos que nada mudou. Pior, a vaidade humana parece estar aumentando vertiginosamente, e podemos dizer que no Brasil a coisa está feia. Ou bonita, já que nosso país ocupa a primeira posição mundial no *ranking* de cirurgias plásticas estéticas.

Esse posicionamento no *ranking* é apenas um reflexo do alto nível de vaidade da nossa sociedade, da busca pelo corpo dos sonhos, seguindo padrões estéticos impostos por... por quem mesmo? Nem sabemos. Creminhos antirrugas são para os fracos. O negócio é entrar na faca, aplicar botox, fazer pequenos retoques.

Em pouco tempo, os valores mudaram diametralmente. Na minha adolescência, por exemplo, a moda era cirurgia estética para redução das mamas; hoje em dia, é colocar enormes próteses de silicone. Nós, brasileiras, que sempre nos orgulhamos de ter o corpo tipo pera, agora estamos fazendo de tudo para ter o corpo tipo ampulheta, e cada vez mais nos deparamos com corpos e caras pouco naturais e, em alguns casos, totalmente artificiais. Ainda assim, tem gente em quem nem o Dr. Ivo Pitanguy daria jeito.

Tudo bem que pode até ser benéfico para a autoestima, mas a vaidade tem tomado outros rumos e assumido outras proporções, como a autoadmiração e o exibicionismo. Todo mundo quer aparecer, quer ser famosinho. Por que tanta gente divulga tudo, absolutamente tudo o que faz na vida nas redes sociais? Por que alguns, que atingem o *status* de celebridade, têm a intimidade "invadida"? Será que é "invadida" mesmo? Sinceramente, acho muito difícil alguém publicar detalhes de divórcios de "celebridades", por exemplo, sem ter permissão de uma das partes (ou de ambas), por duas razões: a primeira, porque poderá levar um belo de um processo nas costas; e a segunda, porque é muito improvável que algum funcionário de fórum vá cometer o erro gravíssimo de levar a público um processo de divórcio. Assim, resta a conclusão óbvia de que é preciso se manter na mídia a qualquer custo, mesmo sacrificando a privacidade individual e familiar. Triste espetáculo: a vaidade se tornou o ganha-pão de muita gente.

Voltando à abordagem bíblica, a vaidade, juntamente com a arrogância, é considerada um pecado capital, no escopo do "orgulho". E conversando certa vez com meu marido, ouvi dele o seguinte:

— Mas eu sou vaidoso de minhas conquistas! Custaram-me muito trabalho e dedicação...

— Ah, mas isso não é vaidade — respondi. — Eu acho que você tem é orgulho delas. Pra mim, vaidade é uma coisa, orgulho é outra.

Ele entendeu meu ponto, e resolvemos pesquisar a respeito para clarear nosso raciocínio. Numa abordagem filosófica, o orgulho é algo positivo, porque resulta de uma identificação própria de coisas ou situações que causam alegria no indivíduo — é real, consistente. A vaidade, ao contrário, é vazia. O vaidoso pensa que é algo que não é; é incapaz de entender seu lugar, seu espaço e seu papel na sociedade. Resumindo, o vaidoso se acha. E essa vaidade de espírito talvez seja pior do que a vaidade estética, pois está associada à arrogância de se ver destacado dos demais e por isso se achar um grande "guru", sem ter produzido nada ou conhecimento algum; ou, se acaso produziu alguma coisa, às vezes muito pouco ou nada realmente notável, achar-se melhor, mais inteligente e mais capaz do que os outros só por isso.

Ah! Quanta vaidade se vê nos dias atuais! Eu, que tenho certa convivência no meio acadêmico, vejo diariamente vaidades nos mais diversos graus. Tem dia que é difícil não se aborrecer, porque outra característica dos vaidosos é que sentem certo prazer em humilhar quem quer que possa esboçar alguma independência de pensamento, melhor dizendo, um pensamento discordante. Infelizmente, isso é mais comum do que podemos imaginar.

Tudo isso, creio, contribui para o diagnóstico de que nossa sociedade está doente. "Ser ou não ser", atualmente, não passa de uma pergunta antiga, quiçá um clichê. Alimentar e inflamar o ego, ainda que com falsos elogios, está se tornando a meta a ser alcançada dia após dia; ter e aparecer é o que interessa, o resto nem é tão necessário.

Vivemos tempos artificiais e, sobretudo, superficiais. A vaidade, portanto, nada mais é do que o sintoma mais aparente da superficialidade social em que estamos inseridos. Chega a dar medo.

Está tudo errado!

Minha primeira chefe no serviço público, uma figuraça, mas pessoa muito trabalhadora e de muita garra, cunhou uma frase que marcou toda a nossa equipe, com seu ritmo único de falar: "É tudo muito políííítico". E ela estava certíssima, principalmente se levarmos em conta que toda essa coisa de políííítico avançou além da Esplanada dos Ministérios e conta hoje com outros contornos. Vamos combinar: essa coisa de politicamente correto já encheu.

Meu marido gosta de repetir uma frase que leu em certa ocasião (não sabemos o autor): "O politicamente correto é uma ideologia que acredita que, por meio do eufemismo e da hipocrisia, se constrói um mundo melhor". Nada mais verdadeiro: a hipocrisia gera o eufemismo que, por sua vez, é o principal ingrediente da exigência que nos fazem a todo momento de sermos "politicamente corretos". O resultado é um monte de mentiras e falsidades que somos obrigados a deglutir e, por vezes, a vomitar.

O que está acontecendo com o mundo? Pergunto isso porque não foi sempre assim. Em visita à Casa de Juscelino Kubitschek, em Diamantina-MG, pude comprovar por a+b como o mundo piorou com essa coisa de "politicamente correto". Na área da casa dedicada ao pai de Juscelino, há diversos recortes de jornal. Em um deles, uma nota cujo título é "Vandalismo", contando os estragos feitos à casa de uma mulher cega e totalmente indefesa. Os termos da nota me chamaram a atenção, porque, claro, quem quebraria a vidraça e danificaria a porta de uma senhora que não enxerga, a não ser um "vagabundo *dehumano*", um "larápio depravado", um "malfeitor"? Coisas impossíveis de se ler nos jornais e muito difíceis de se ouvir hoje em dia.

Quando foi que deixamos de reconhecer a desumanidade, a vagabundagem? Quando criminosos filmados em ação deixaram de ser malfeitores, meliantes e vagabundos *dehumanos*, para se tornarem sempre e tão somente "suspeitos"? É fácil ver nas páginas dos jornais contemporâneos frases do tipo "suspeito filmado furtando celular" ou "suspeito filmado enquanto arrombava um carro" ou ainda "imagens de câmeras de segurança mostram o suspeito carregando o corpo", apesar da falta de lógica. Todos não passam de suspeitos, apesar das evidências. Ninguém é mais vagabundo, assassino, larápio. Um eufemismo, um alívio para criminosos e seus crimes, já que o léxico "suspeito", segundo o dicionário Caldas Aulete, quer dizer duvidoso, aquele ou aquilo de cuja verdade ou existência não se pode ter certeza, que se supõe falso.

Penso que isso que a "conveniência" manda chamar de "politicamente correto" não passa de excessiva leniência, e contribui de maneira decisiva para a impunidade. Uma pessoa fazendo o malfeito numa foto ou filmagem corrobora a máxima "todos são inocentes até prova em contrário": a foto ou filmagem são as provas da falta de inocência, da culpa. Mas ninguém diz que foi filmado um vagabundo ladrão de celular, ou um larápio sem vergonha, ladrão de carros, ou um assassino desumano. Todos devem dizer "o suspeito", sob pena de serem execrados e acusados de outro crime, o de calúnia. E assim é retroalimentada toda uma cultura de valores invertidos, que culmina na transformação de bandidos em vítimas e de vítimas em culpados.

No campo político, é a mesma coisa. As autoridades se tratam de "vossa excelência" o tempo inteiro, ainda que estejam prestes a partir para as vias de fato, como já ocorreu algumas vezes em nosso parlamento, em meio a brados de "bandido é vossa excelência", "safado é vossa excelência" e outros semelhantes. Colocou "vossa excelência" na frase e o decoro parlamentar está garantido!

No serviço público federal, atualmente dominado pela classe política em detrimento de técnicos concursados, o eufemismo e a hipocrisia reinam absolutos. A verdade é sempre mascarada e transformada em meias-verdades, e situações como "não foi autorizado" viram "não foi possível viabilizar": suaviza-se a desagradável verdade para fazer valer a hipocrisia e mostrar uma realidade embaçada e desvirtuada.

Além disso, o "politicamente correto" tolhe a liberdade de expressão, especialmente para os profissionais da imprensa, humoristas e para cronistas aventureiros como esta que vos escreve. Qualquer palavra pode gerar enorme dor de cabeça aos autores, porque não se pode "falar mal", já que as pessoas frequentemente têm confundido opinião com ofensa. Basta uma palavra que desagrade e isso é considerado ofensivo e um ataque, seja às minorias, seja aos fãs, aos torcedores, aos correligionários, aos eleitores, enfim, todos podem se considerar ofendidos.

Um exemplo interessante é o que ocorreu com o jornalista e blogueiro Marcelo Moreira, que escreveu em seu blog que "música eletrônica é barulho e que DJ não é músico". Foi massacrado por comentários discordantes, como se fosse errado criticar ou mesmo expor sua opinião sobre o tema. Li o post e não o achei nada ofensivo; simplesmente, o autor expressou o que pensa sobre música eletrônica. Mas os DJs e fãs de *e-music* interpretaram o texto como ofensa e agressão. Alguns, nos comentários, agrediram o jornalista verbalmente e este, na discussão virtual, não se fez de rogado. Ponto para Marcelo Moreira: baniu o politicamente correto daquele blog.

A Ministra Cármen Lúcia, do STF, declarou certa vez que "o pensamento único é uma outra forma de ditadura social, imposta desde quando crianças". Ora, os eufemismos e a hipocrisia que garantem a existência do politicamente correto garantem também a uniformidade de pensamento, que aos poucos vai se entranhando na sociedade. O "politicamente correto" é um caminho que vem sendo imposto pela e para a sociedade, que está culminando na uniformização do pensamento individual e coletivo, baseado em mentiras, meias-verdades e hipocrisias.

É um paradoxo que coisas assim estejam ocorrendo justamente numa época em que temos liberdade de expressão garantida constitucionalmente e meios de comunicação baratos, acessíveis e de grande alcance. Parece que a sociedade em geral está despreparada para conviver com a diversidade de ideias, com a possibilidade de receber críticas. É lamentável; sinto que vivemos em um meio repleto de crianças mimadas que não podem ser contrariadas em suas preferências, gostos, ideias e opiniões.

Muitas pessoas preferem viver num mundo de ilusão, onde reinam o eufemismo e a hipocrisia, mas tudo muito "politicamente correto". Desculpem, mas para mim está tudo errado!

DICOTOMIAS CONTEMPORÂNEAS

Certa vez, estava eu no supermercado, já na fila do caixa, onde são expostas revistas para que o consumidor fique olhando, se interesse e compre — já que estão todas devidamente lacradas —, quando vi dois títulos, um ao lado outro: *Vida Simples* e *Veja Luxo*. A primeira era feita de material simplérrimo, poucas páginas, poucas cores; a outra, confeccionada em papel de primeira, muito colorida, com brilhos, grossa, com muitas páginas. Ambas custavam quinze reais: o luxo, pelo menos na teoria, custa o mesmo que a simplicidade.

Essa dicotomia despertou minha imaginação. Afinal, o que em nossa era define a simplicidade? Fiquei pensando, e concluí que ser simples pode até sair mais caro. Se você vai comprar produtos orgânicos numa feira, por exemplo, quase tudo ou tudo ali custará bem mais caro do que os alimentos convencionais. Uma vida simples, penso, demandaria espaço e tempo para plantar, cuidar e colher em casa. Quem está disposto e tem tempo para isso atualmente? Sim, porque manter uma boa horta em casa não é tão fácil.

Há algum tempo, minha cunhada me pediu que eu a ensinasse a bordar e me disse que queria levar uma vida mais simples. Gosto de bordar. Quase todos os meus panos de prato, por exemplo, têm bordinhas em crochê que eu mesma teci e estou com outros tantos guardados para fazer isso, mas cadê tempo? Ou faço crochê ou escrevo esta crônica. Algumas de minhas toalhinhas de mesa eu mesma teci. Há alguns anos, cismei que queria uma toalha de mesa bordada. Procurei para comprar e achei caríssima. A toalha do supermercado, apesar de não ser bordada a mão, é bonita, até de boa qualidade e bem mais barata, mas ante meu desejo, decidi comprar os insumos e bordar eu mesma. Eram 120 quadradinhos para serem preenchidos, e levei alguns anos para concluí-la; acreditem, houve um ano em que nem quis olhar mais para a toalha, cheguei a enjoar dela. Mas, finalmente, a terminei no carnaval de 2015. Ficou bem bonita, e, claro, ninguém tem uma igual. É até simples, mas acho um luxo essa minha toalha de mesa! É exclusiva!

Voltando à minha cunhada: introduzi-a nos fundamentos do ponto-cruz, e ela até bordou uns peixinhos em panos de prato, mas não conseguiu passar disso. Cadê tempo? Sua vida não é tão simples quanto ela gostaria.

Ter uma vida simples, obviamente, pressupõe muito mais do que a toalha de mesa ou a comida orgânica. A simplicidade, de fato, está nos pequenos gestos e ocasiões cotidianas. Reunir a família para almoçar em casa, que seja um arroz com feijão, e conversar, contar histórias, é algo simples e factível, mas nos dias de hoje, já está se tornando um luxo. Cada pessoa tem seus horários, seus compromissos com meio mundo e, claro, seus *gadgets* eletrônicos, que roubam a atenção do momento. Nem tudo é tão simples quanto parece.

Falando em *gadgets* eletrônicos, meu marido é quase avesso a essas tecnologias. Tem um celular que ele considera um luxo, só porque tem câmera e rádio (que ele nunca usa), nem é um *smartphone*. Antes de minha viagem para a Espanha, eu quis comprar um *smartphone* para ele e baixar o WhatsApp, para que eu pudesse me comunicar com ele em tempo real. Mas numa conversa de dez minutos concluí que perderia tempo e dinheiro. Seu principal argumento é que isso complicaria a vida dele, já que teria mais uma coisa para administrar. Disse que não queria nem ter celular, que um amigo dele simplesmente não tinha e vivia muitíssimo bem, obrigado. E ainda acrescentou que eu nem precisaria me comunicar com ele em tempo real, que ele havia vivido cinco anos nos Estados Unidos numa época em que isso não existia e nunca precisou se comunicar em tempo real com ninguém. Quando precisava mesmo, telefonava. Eu completei: "E, obviamente, pagava caro". Ah, mandava cartas com frequência, adorava escrevê-las e mais ainda recebê-las. De fato, simplicidade é isso: escrever cartas a mão e esperar a resposta pelo Correio.

Impossível não concordar com o fato de que hoje em dia temos mais coisas para administrar, apesar de a tecnologia "simplificar" muitos processos. São grupos no WhatsApp, redes sociais, e-mails chegando, todo mundo te encontrando facilmente e esperando ansiosamente por sua resposta. Os processos são até simples de se operar, mas a nossa demanda, pelo menos a minha, aumentou vertiginosamente, o que pode ser um complicador, ao mesmo tempo em que simplifica muita coisa, inclusive evitando alguma perda de tempo que poderá ser aproveitado com a simplicidade e a doçura de um passeio no parque, por exemplo. Ou não, como parece ocorrer na maioria dos casos.

Por outro lado, a comunicação, além de instantânea, ficou mais barata e, em muitos casos, mais eficiente. Um exemplo disso é a editora responsável pela edição deste livro. Tudo funciona (e bem!) online, rápido e muito barato, as respostas são praticamente no tempo real de uma ligação e custam muito menos do que um interurbano. Acho que isso também é simplicidade, apesar de toda a tecnologia envolvida.

A tecnologia, sem dúvida, despersonaliza as pessoas. Penso que para relacionamentos profissionais até dá, mas nos relacionamentos pessoais e familiares, não. Ao mesmo tempo em que a tecnologia é capaz de "aproximar" as distâncias, distancia as pessoas pela superficialidade e simplicidade das operações.

Bom, com esta crônica pretendo somente propor uma reflexão sobre a simplicidade. Penso que vivemos cercados por dicotomias e sequer as percebemos. Perdemos muitos de nossos valores mais simples ao ganharmos alguma simplificação em nossa vida cotidiana, o que, na prática, serviu mesmo foi para nos fazer trabalhar e produzir ainda mais.

Pequenas alegrias cotidianas

O noticiário só tem mostrado péssimas notícias, verdadeiras tragédias: desastre ambiental, corrupção, terrorismo, loucos atiradores nos Estados Unidos — uma pequena amostra deste mundo em que vivemos, e é difícil compreender tanta maldade, tanta injustiça.

Mas apesar de tantas desgraças rotineiras, pequenas vitórias cotidianas servem para alegrar os corações esperançosos. Há algum tempo, um flanelinha foi aprovado no vestibular da Universidade de Brasília. Um flanelinha de 52 anos! Sua vontade de estudar era tanta, que ele suplicou algumas vezes por uma bolsa de estudos num cursinho próximo ao seu ponto de trabalho. A direção, ante a insistência, decidiu dar uma chance ao Sr. José Mário, pagou-lhe a desejada bolsa de estudos e o material para as aulas. Valeu o investimento: em um ano, ele se tornou aluno da UnB. Vi uma entrevista com o Sr. José Mário e ele, feliz da vida, já pensa no futuro: quer fazer um doutorado.

Nessa mesma linha, outro flanelinha que há alguns anos conseguiu passar no vestibular de uma faculdade particular para cursar Direito passou no exame da Ordem dos Advogados do Brasil. Detalhe: ainda falta um semestre para o Sr. Flávio terminar o curso. Pai de família, conseguiu estágios e outros trabalhos enquanto estudava, mas continuou trabalhando como flanelinha nos períodos de folga para completar a renda.

Outro caso interessantíssimo é o da senhorinha de Minas Gerais que se formou em Direito aos 97 anos. Era o sonho da vida dela, e teve que esperar a viuvez para torná-lo realidade. Teve a ajuda dos filhos e dos netos para ir às aulas e se orgulha em dizer que era sempre a primeira a chegar. Completou o curso e pegou seu canudo. Tem consciência de que, na sua idade, pouco poderá fazer profissionalmente, mas está disposta a compartilhar o conhecimento adquirido, ajudar as pessoas, orientá-las. E aí vem a pergunta: tanto jovem esperando o que para voltar a estudar? A viuvez?

Histórias como estas mexem comigo. Essas pessoas tiveram que criar suas próprias oportunidades; a vida não lhas deu. E aí fico pensando: se tivéssemos escolas públicas de qualidade e programas para a permanência de alunos carentes nas universidades, poderíamos ter alguns gênios cientistas ou juristas de destaque, ou pensadores magníficos, artistas fenomenais e, por que não, prêmios Nobel. Quantos geniozinhos nosso país perdeu para o subemprego, para o tráfico de drogas ou para a criminalidade, simplesmente porque essas pessoas não tiveram oportunidade? Ok, ok, a quantidade de gênios por aí não é tão grande. Mas que teríamos menos subempregos e menos criminalidade, isso certamente teríamos. Quantas pessoas como o Sr. José Mário e o Sr. Flávio completam o ensino médio e sequer pensam em fazer uma faculdade? E quantas pensam, entram, mas não conseguem terminar o curso porque precisam trabalhar para se manter? Sim, porque nas universidades públicas as aulas tomam o dia inteiro, e se a pessoa precisa trabalhar para comer e pegar ônibus para estudar, como faz? Acaba abandonando o curso, com dó e piedade, mas a sobrevivência clama pelo tempo das aulas. É uma realidade triste, mas bem mais comum do que imaginamos, infelizmente.

Conheço algumas pessoas que criaram suas próprias oportunidades. Sem condições de fazer um cursinho, meteram a cara nos livros sozinhos e conseguiram vaga em universidade federal, tiveram que ser melhores que muitos para conseguir uma bolsa de iniciação científica e ter uma graninha para a comida e o ônibus. Hoje, vejo essas pessoas bem colocadas, apoiando os irmãos mais novos, transformando não apenas suas vidas, mas de todos os que estão ao seu redor. Contra todas as perspectivas, venceram com louvor. O Sr. Flávio tem filhos pequenos, e certamente poderá dar a eles algumas oportunidades que não teve.

Na contramão, conheço muito mais gente que tem várias facilidades ou, pelo menos, dificuldades não tão difíceis de superar; a vida até lhes deu algumas oportunidades, mas para eles estudar não passa de um sonho. O que realmente impede essas pessoas de seguir em frente? Penso que, infelizmente, a dura realidade educacional brasileira ainda é o principal impeditivo para termos cidadãos mais qualificados e capazes de contribuir mais efetivamente para toda a sociedade. Mas, vendo os exemplos dos flanelinhas, é possível constatar que muitas realizações dependem do que existe entre o sonho e a oportunidade: a vontade, o desejo de tomar nas mãos as rédeas da própria vida.

Um detalhe importante: pelo que pude apurar, nenhum dos dois flanelinhas é ou foi beneficiário dos programas sociais do governo, o que os torna ainda mais preciosos. Os apoios que conseguiram foram após demonstrar aos seus benfeitores sua capacidade e sua vontade de seguir em frente, apesar de todos os percalços. São pessoas assim, que não se conformam com o *status quo*, que fazem a diferença na comunidade onde vivem.

Apesar de nossa época ser tão *linkada* em quase tudo o que acontece em quase todos os lugares do mundo, e até fora dele, olhar para o quintal de nossa casa de vez em quando pode nos trazer agradáveis surpresas e nos fazer enxergar além das aparências. Do jeito que a coisa anda por aqui, isso é cada vez mais difícil, mas é plenamente possível. É preciso apenas ter os olhos e o coração abertos.

O RANÇO DA ESCRAVIDÃO

Tenho uma ajudante em casa, maravilhosa! Uma pessoa de bem, com iniciativa, super de confiança. Está conosco há uns seis anos e já declarou algumas vezes que quer se aposentar trabalhando aqui em casa. Nutrimos carinho e consideração por ela e o sentimento é recíproco.

É uma pessoa tão trabalhadora que quando tem férias procura outro serviço. Em uma dessas empreitadas, conseguiu um trabalho no mesmo prédio em que moramos, com vizinhos recém-chegados do Amapá, um casal com um bebê.

Quando as férias terminaram, fizeram a ela uma oferta para que continuasse com eles todos os dias da semana. Isso implicaria na sua saída de minha casa, onde seu expediente é três vezes por semana (12 dias no mês), com cerca de sete horas de trabalho por dia, carteira assinada e todos os direitos vinculados, um salário mínimo mais uma cesta básica por mês. Ela recusou a oferta e disse que poderia ir nos outros três dias da semana. Fecharam assim.

Só que não. A patroa lá "precisa" de uma empregada todos os dias, então, com menos de uma semana nesse arranjo, dispensou-a e pagou, por cerca de 20 dias de trabalho, a "vultosa" soma de R$ 300. Uma exploração, um abuso, considerando que a diária (que era o combinado) em Brasília custa R$ 120. E ainda por cima deixaram o dinheiro com o porteiro, sequer se dignaram a recebê-la.

Ficamos sabendo de uma "candidata" ao cargo no vizinho explorador, pois foi a moça que trabalha com um amigo quem indicou. As condições: de segunda a sábado, de 7h às 18h, um salário mínimo, lavar, passar, cozinhar, faxinar. Mais de oito horas diárias, todo o serviço da casa, por um salário. A "candidata", desempregada, recusou. É capaz de arranjar algo melhor, não está desesperada para aceitar qualquer coisa.

Em cidades como Brasília e Belo Horizonte não se paga um salário mínimo para tantas horas de trabalho, é muito pouco. Um profissional doméstico que trabalhe seis dias na semana e mais de oito horas diárias recebe, pelo menos, dois salários mínimos. Em vários Estados existe um piso regional para domésticos, superior ao salário mínimo. Não é o caso do DF (nem do Amapá), mas a Lei Completar Nº 150, de 2015, garantiu vários direitos que foram solenemente ignorados pelos vizinhos recém-chegados, e um deles é a jornada de trabalho de oito horas diárias e o máximo de 44 horas semanais.

Vamos combinar: os empregados domésticos são profissionais como outros quaisquer. Pelo menos no meio em que convivo, todos os que podem usufruir deste luxo cuidam para que os direitos da pessoa sejam garantidos, mas esse exemplo que ocorreu com o vizinho recém-chegado à Capital Federal mostra como é a realidade Brasil afora. Ele se gaba de que no Amapá era considerado um patrão bom, que pagava em dia. É uma realidade totalmente diferente de Brasília, porque aqui, além de pagar em dia, tem que pagar adequadamente, afinal é um serviço prestado, não uma esmola. O custo de vida nesta cidade é altíssimo, as passagens de ônibus são caras. Mas os forasteiros, apesar de contarem com a consultoria do porteiro, que informou corretamente o preço da diária na cidade, se recusaram categoricamente a pagar o que era de direito.

Impossível não nos lembrarmos do filme "Que horas ela volta?", brasileiro, maravilhosamente estrelado por

Regina Casé. A obra mostra a exploração das empregadas domésticas, a falta de consideração dos patrões com a condição de vida das pessoas e a aceitação da parte explorada. O filme é emocionante e nos faz refletir muito.

Em países desenvolvidos, esse tipo de emprego sequer existe. Com tanta tecnologia, lavadora de roupas, roupas que não precisam passar, lavadora de louças, forno micro-ondas e comida semipronta, restaurantes com comida boa a preços módicos, todo mundo se vira sozinho. E cada um faz sua faxina, com maquininhas apropriadas, em casas fáceis de limpar.

Em países pobres, onde tem sorte quem tem um emprego, um empregado doméstico é um luxo quase necessário para as famílias mais abestadas, *ops*, abastadas. O ranço da escravidão permanece: queremos comida, com alguém que a coloque na mesa e depois retire e lave nossos pratos; queremos ser patrões, que lavem nossas roupas íntimas, que limpem nossos banheiros. Se pensarmos um pouquinho sobre isso, dá vergonha. E alguns nem querem pagar dignamente. Mais vergonha ainda!

Analisando friamente, cada vez mais precisamos menos de nossa funcionária: as meninas já cresceram, têm vida própria, quase nem aparecem mais em casa. Uma lavadora de louças resolveria boa parte de nossos problemas. As roupas seriam lavadas do mesmo jeito na máquina de lavar e poderiam ser levadas para passar, já que somos péssimos nisso. Podemos comer muito bem em restaurantes *self-service*, há inúmeros deles pela cidade, com comida boa e barata. Semanalmente, pode-se pagar uma faxineira para fazer a limpeza mais pesada. No entanto, a coisa não é assim tão simples: deixaremos desempregada uma pessoa a quem consideramos, que tem dois filhos em idade escolar (e mais duas filhas que já são mães) e está construindo sua casa. Ela continuará trabalhando como doméstica, mas com outra família, talvez sendo explorada por algum patrão bronco e pão-duro.

A questão é, portanto, estrutural. Enquanto não houver um sistema educacional que habilite as pessoas a trabalharem em empregos que exigem mais especialização ou um pouco mais de estudo, continuarão a existir as empregadas domésticas, os cobradores de ônibus, frentistas e afins e toda sorte de empregos informais. Essa discrepância reforça a desigualdade social e no Brasil, como sabemos, ela é gigantesca.

Manter um sistema com uma desigualdade social tão grande é vantajoso para governos que privilegiam políticas assistencialistas, em detrimento da formação técnica, profissional, cultural, filosófica e política do povo. Políticas assistencialistas são verdadeiras máquinas de votos; já aquelas baseadas numa formação educacional sólida são mais exigentes para os políticos, pois não garantem votos e impedem a perpetuação e desvirtuamento do poder. Um problemão para os políticos profissionais que temos por aqui, não?

Amizade no século XXI

Quanto mais vivo, mais reconheço o quanto vale uma amizade sincera, verdadeira. Principalmente nesses tempos de amizade virtual, onde a vaidade dos *likes*, compartilhamentos e afins tomam um espaço enorme e ganham uma importância estranha na vida de muita gente.

Comentávamos sobre isso com um casal de amigos queridos num jantar. Minha amiga contou-nos sobre uma decepção que teve com uma pessoa que ela julgava que fosse amiga pra valer. Mas num telefonema, quando minha amiga lhe contou um elogio que havia recebido de outra pessoa, a tal "amiga" mostrou-se inteira por meio de uma frase cheia de inveja. E ela sequer percebeu o que havia dito, foi um ato falho. Não teve um pingo de alegria ou um mínimo gesto de congratulação para com a amiga elogiada, aliás, justíssima merecedora do elogio.

Quem nunca passou por uma decepção semelhante? Julgamos ter próxima de nós uma pessoa muito amiga, capaz de alegrar-se com nossas conquistas, de segurar nossa onda em momentos difíceis, alguém que desejamos que esteja por perto naquelas horas mais cruciais, felizes ou nem tanto. Mas, para nossa surpresa, um dia a pessoa se entrega e destila, até sem perceber, toda sua inveja e perfídia. A desilusão nos corrói nesse momento; é uma perda importante, talvez seja uma amizade de anos, décadas, como foi o caso dessa minha amiga.

Há também aqueles amigos que cobram a amizade. Existe coisa mais chata? Amizade, penso, é como o amor: deve ser leve e completar-se por si. Não precisa de cobranças. Certa vez um "amigo" me escreveu dizendo que pensava que eu fosse sua amiga e eu nem aparecia para dar notícias, para desejar Feliz Natal. Se eu não fosse uma pessoa muito segura dos meus sentimentos, ao ler a mensagem que o "amigo" me escreveu provavelmente me sentiria mal, a pior pessoa da face da terra, capaz de desprezar um amigo como ele, meu Deus! Mas... quer saber? Está com saudades de mim? Sente minha falta? Pode me telefonar e dizer "Oi, liguei para saber de você, há tanto tempo que não nos falamos". Aliás, vira e mexe faço isso com alguns amigos com quem passo meses, até anos sem contato, mas quando nos falamos é uma alegria tão grande, um sentimento gostoso de partilhar aquele momento com quem amamos. Odeio cobrança de amizade. Quer ser meu amigo? Não me cobre mensagens, telefonemas, atenção. Sou capaz de dar tudo isso por mim mesma, naturalmente, no meu tempo, nos meus momentos. E ajo exatamente dessa maneira com todos os meus amigos e não espero nada deles, além da atitude natural que, entendo, deve permear uma amizade.

Mas nestes tempos de amizades virtuais, de Facebook, Instagram e outras redes sociais, a coisa está ficando esquisita demais. A amiga que sofreu a decepção mencionada no início desta crônica cunhou um termo que achei espetacular: começaram a surgir os "auditores de amizades". Sim, está cheio de gente "auditando amizade" nessas redes sociais, gente que se utiliza de *posts* com mensagens do tipo "quero ver quem é meu amigo de verdade, vai ter que ler até o fim e postar uma palavra nos comentários". Fala sério! Quer dizer que se alguém não obedecer ao *postzinho* babaca, a "auditoria" determinará que não é amigo? É isso? Desculpem, mas meu sentimento de amizade por alguém vai muito além dessas comprovações idiotas.

Ainda no tópico amizades virtuais (o Facebook é

uma fonte inesgotável de exemplos), há o tipo que elimina amigos que não curtem suas postagens. Geralmente, fazem questão de anunciar: "Fiz uma limpa na minha lista de amigos, eliminei pessoas que nunca curtem meus *posts*, nem participam de nada. Portanto, se você está lendo esta mensagem, saiba que ainda o considero meu amigo". A pessoa se julga tão importante que diz categoricamente que é um privilégio para os outros tê-lo como amigo virtual. No entanto, as entrelinhas, em geral, mostram um apelo quase desesperado por "curtidas" — em outras palavras, por atenção. Na realidade, ninguém é obrigado a curtir tudo o que aparece na *timeline* e há quem não curta nada, que só quer ver uma coisa ou outra. Existe algum problema nisso? Não há problema algum, e isso leva à óbvia conclusão: essa pessoa tem uma vida vazia. O Facebook e outras redes sociais, suas postagens e a manifestação dos "amigos" são importantes demais para ela, que "vive" no mundo virtual uma vida que não existe. Sai, vai tomar um sol, fazer uma trilha, andar de bicicleta, vai nadar, telefonar pro seu amigo de infância, ler um livro ou ver um filme, tomar uma cerveja, sei lá. Sobretudo, uma pessoa assim tem que aprender que não é tão importante quanto gostaria de ser ou pensa que é. Na verdade, ninguém é.

Amigo que faz chantagem emocional sempre existiu. Penso que são parasitas, que se alimentam de tristezas e desgraças e depois sugam o remédio: a energia de um amigo-alvo-preferencial. Com a ascensão das redes sociais, no entanto, as chantagens emocionais estão mais expostas e, quiçá, se popularizaram. O tipo mais comum de chantagem emocional no Facebook é aquele em que a pessoa declara que vai sair e não sai, continua na rede e ainda responde aos comentários da postagem-anúncio. Os comentários, claro, são de "tristeza" pela iminente saída e clamores para que mude de ideia e permaneça. O amigo de saída responde, às vezes até menciona desafetos e diz que houve alguma decepção ou brigas. E aí eu fico pensando que este tipo é, definitivamente, um ser muitíssimo carente, um tanto deprimido, talvez, que encontra uma maneira indireta de implorar pela atenção das pessoas. Claro, abordando um lado mais sentimental de seu grupo de amigos, e até logra algum êxito com os comentários que são postados. Quer sair? Sai logo, vá sem dramas, em silêncio. Alguém há de sentir sua falta. Ou não. Mas que diferença isso faz, se é tudo virtual?

As redes sociais virtuais estão transformando os relacionamentos. E para pior, ao que parece. As pessoas mal se falam pessoalmente, convivem pouco, vivem sem intensidade e vão se tornando ensimesmadas e deprimidas. É uma lástima: o melhor da vida é a convivência com os outros, a descoberta de novos lugares, de novos amigos, novos sorrisos, novos sabores. E mesmo que as amizades reais (as não virtuais) nos decepcionem, ainda acho que vale a pena correr o risco.

BARRY GIBB: ESTUDO DE CASO

O fim do ano se aproxima, e junto com o frenesi das compras de Natal e a necessidade de "fechar o ano" no trabalho, desta vez me ocorreu algo estranho: tenho pensado muito na brevidade da vida e na aproximação da morte.

Cada dia que vivemos é um a menos que temos para viver, é uma queda na curva de viço, de frescor, de beleza, de vigor físico. Percebo isso acontecendo comigo mesma, mas como tenho 40 e poucos anos e estou saudável, ainda me sinto muito bem. Mas proponho um estudo de caso: Barry Gibb, líder dos Bee Gees, cuja vida desde a adolescência está amplamente registrada em fotos e vídeos disponíveis na internet.

Barry foi um adolescente quase feioso. Como vários europeus, tinha os dentes bem ruins, e à medida que foi se desenvolvendo e sua carreira artística foi crescendo e ele, consequentemente, foi ficando rico, melhorou os dentes. Mas isso foi um detalhe. Gibbs cresceu e virou um homão. No auge dos Bee Gees, Barry Gibb exibia uma poderosa juba, tal qual um leão, ao contrário de seus irmãos, que viam a cabeleira estilo anos 1970 minguar. Calvície é genética, sabem como é, não tem remédio. Mas Barry era alto, magro, músculos definidos sem o menor exagero; nem era forte, mas era um gato, ou para usar o léxico da época, era um pão! Sua voz e sua criatividade para compor canções de sucesso junto com seus irmãos também tiveram um auge retumbante à época.

Atualmente, Barry se encontra na faixa dos 70 anos, um senhor até vigoroso, mas sua antiga e poderosíssima juba se reduziu a alvos e ralos fios brancos (olha a calvície!), que ele faz questão de manter compridos, apesar de a testa não parar de crescer. O rosto está um pouco parecido com aquela carinha de lua cheia de calendário e está coradinho, mas não tem rugas (talvez tenha feito boas cirurgias plásticas). Se ele colocasse um chapéu e tirasse a barba, estaria próximo de personificar a logomarca da Aveia Quaker. Sua barba, aliás, mantém-se quase intacta, e certamente ele a tinge. Barry tem artrite na mão direita, mas isso não o impede de tocar um de seus vários violões durante os shows. O corpão esguio e esbelto deu lugar a uma discreta, mas respeitável pança. Sua voz, apesar de ter mudado um pouco, permanece linda, acho que não perderá o viço nunca. Mas o mais importante: depois de viver o luto pela perda do irmão Robin, em 2012, ele ainda tem sonhos, compõe e lançou um novo álbum em 2016.

Admiro Barry, sua força de vontade, seu enorme talento, sua capacidade de se reinventar. É um artista de altíssimo padrão. Mas, convenhamos, nem todo mundo tem infinita criatividade como ele, nem de tão alta qualidade, principalmente porque quase ninguém é artista. Chega um momento em que nós, simples mortais (que não o deus-cantor Barry Gibb), temos que pendurar as chuteiras, apenas porque não conseguimos mais ser tão produtivos quanto antes.

Por outro lado, há artistas, especialmente no campo da música, que vivem do passado. Não compõem, nem cantam nada novo, sobrevivem apenas do sucesso da juventude, fazendo o mesmo show, tocando as mesmas músicas. Barry, apesar de viver dos lucros do sucesso de sua juventude, ainda produz música de excelente qualidade, lota casas de shows, tem uma senhora banda que o acompanha. Não precisaria mais compor, mas é a música que o mantém vivo e vigoroso.

É mais difícil afirmar o mesmo para outras profissões que não estejam relacionadas à arte. Os jogadores de futebol que o digam! A expressão "pendurar as chuteiras", por exemplo, é uma referência à aposentadoria que extrapolou a linguagem futebolística. A vida produtiva de atletas, enquanto atletas — especialmente os de alto rendimento —, é bem curta. Juventude é um quesito básico.

Há muitos servidores públicos que não se aposentam. Não falo dos ladrões, esses que, em geral, são também políticos, mas dos servidores comuns, de carreira. Nos dias atuais, aposentadoria nada tem a ver com jogar dominó de pijama na calçada de casa ou na pracinha. Há tantas opções de coisas divertidas e interessantes a se fazer! É muito mais fácil viajar hoje do que há 20 anos, por exemplo. Estão disponíveis muitas atividades esportivas, filosóficas, cinema, palestras, cursos de línguas... Mas alguns não largam o osso, afinal têm um incentivo e tanto: o tal abono permanência — um adicional no valor de 11% do salário para que o servidor não se aposente e continue trabalhando. Atualmente, há mais de 100 mil servidores nessa situação. Não creio que a falta deles geraria um colapso no serviço público, principalmente nas atividades-meio. Para atividades finalísticas, como professor, médico, enfermeiro, dentista, policial e bombeiro, entre tantas outras, uma redução na força total de trabalho realmente gera problemas, mas no serviço burocrático, na maioria das vezes, é possível fazer mais com menos, e é preciso aprender a fazê-lo.

Vamos combinar, quase ninguém é Barry Gibb, capaz de se reinventar e ressurgir radiante das cinzas. Em geral, os mais velhos acabam ficando obsoletos em sua maneira de pensar, em seus métodos de trabalho, principalmente se esse trabalho demanda atualização permanente e não envolve criatividade. E esses servidores públicos, por exemplo, não têm mais o mesmo gás para trabalhar. Geralmente continuam, sem entusiasmo, apenas para não perder os 11% adicionais.

A vida é muito breve, e eu, que não fui agraciada com um talento como o de Barry, não quero passar meus últimos dias trabalhando. Quero mais é me divertir, há tanto que ler, escrever, bordar, viajar pelo mundo, tantas trilhas para percorrer. Há tanta música a se cantar, há tanta poesia para se ler, escrever, ver, degustar e ouvir, há tantos lugares para se visitar, há tanta gente a se conhecer. É coisa demais a se fazer, e não é enfurnado entre quatro paredes que será possível viver intensamente, ainda que nos tornemos mais "experientes".

Amor, interesse e baixaria

Desde que o divórcio foi instituído legalmente no Brasil, em 1977, vemos uma maior diversidade de arranjos familiares. Para a mulher, o início dessa nova realidade foi muito difícil. Ainda me lembro de, quando criança (década de 1980), ouvir pessoas comentarem baixinho que fulana era desquitada, e que o sicrano, aquele covarde e sem-vergonha, já tinha arranjado uma "piranha".

Mesmo depois de quase quarenta anos do estabelecimento da chamada Lei do Divórcio, ser mulher de segundo casamento ou a primeira namorada do cara após a separação ou divórcio não é nada fácil, principalmente se há alguma diferença de idade. Digo isso com algum conhecimento de causa, mas o que me motiva, de fato, a escrever sobre o tema são as brigas de família de "celebridades" expostas na internet, nos programas de TV e revistas de fofoca.

O cara que é a parte realmente "célebre" do triângulo (um quase gênio da música), divorciado, assumiu um romance que já durava algum tempo, ou seja, que começou quando ele ainda estava casado, quer dizer, o casamento em si muito provavelmente não estava lá essas coisas. Mas o fato é que, ainda que tardiamente, ele tentou consertar a situação se divorciando e assumindo tudo.

Só que não. Na real mesmo, ele não assumiu tudo. Assumir tudo, pelo menos no meu entendimento, significa colocar aquela pessoa em outro patamar na sua vida, envolver a pessoa em todos os aspectos da vida. Ocorre que toda hora tem um barraco, devidamente exposto na internet, envolvendo o casal, a ex-mulher e os filhos do cara. Aí eu me pergunto: e a moça?

Vamos combinar, a namorada do cara nada tem a ver com um casamento que deu certo por muito tempo e depois acabou. Não foi culpa dela. Essa coisa de dizer que o cara largou a mulher por causa de outra, cansa; a verdade é que o cara já não queria mais saber do casamento. O erro, de verdade, foi do cara, ao manter a situação dúbia e, sendo bem realista, a sua própria vida dúbia.

A responsabilidade de manter/ respeitar o cônjuge/ casamento é única e exclusiva do casal. Ninguém no mundo pode ser responsável pelo fim de um relacionamento a não ser os dois envolvidos. Se o casamento está firme, se existe amor sem medida, cumplicidade, respeito, pode aparecer quem for, que o relacionamento nem balança. Mas o que vemos é a tal namorada do cara-celebridade engolindo sapo há anos. Não tem liberdade de estar no mesmo ambiente que o namorado se os filhos e a ex-mulher estiverem por perto; se tem um evento importante para o namorado e eles confirmarem presença, ela não pode ir. Peraí! Qual é o lugar que ela tem na vida desse cara? Francamente, acho que ela não passa de uma *f*da fixa*. Desculpem o termo chulo, mas é o único capaz de explicar o valor que essa moça tem para esse cara. Pelo menos é o que fica parecendo pela internet.

A verdade é que aquela família não existe mais no antigo arranjo. Não existe mais aquele casal que ficou junto por décadas com os filhos. O que nunca deixará de existir é que o ex-casal são os pais daqueles filhos. Sendo assim, novas possibilidades se abrem: os filhos terão duas casas, a do pai e a da mãe. Os filhos terão duas famílias, a do pai e a da mãe e ambas são as famílias deles. Podem conhecer novas pessoas, novos ambientes, aprender com gente diferente — os possíveis novos cônjuges dos pais e suas famílias. Por que não?

Na internet há inúmeros exemplos lindos desses novos arranjos familiares. Só como exemplo, cito o vídeo do casamento de uma moça entrando no altar levada pelo pai. Quando eles passam pelo padrasto da moça, o pai o puxa pela mão e ambos a levam até o noivo, emocionados. O pai explicou: o padrasto também era pai da menina, cuidou dela na sua ausência, e era direito da filha tê-lo ao seu lado naquele momento. É um vídeo realmente emocionante! Essa e tantas outras histórias demonstram que os novos arranjos familiares são tão verdadeiros quanto os anteriores (arrisco a dizer que alguns são até mais verdadeiros). A existência de harmonia entre pessoas que foram casadas e o(s) novo(s) relacionamento(s) faz bem pra todo mundo. Principalmente para os filhos.

No entanto, temos que admitir que outras variáveis influenciam a história da celebridade brasileira. O cara é famoso e tem muita grana. Depois de "assumida", a moça começou a aparecer em revistas, colunas de famosos, a ganhar dinheiro só porque namora o cara. Então vem outra pergunta: qual é o lugar do cara na vida dessa moça? Será que sente tanto amor assim por ele para aguentar tanto sapo goela baixo? Que mulher aguentaria ser a "outra" por tanto tempo, e quando o cara finalmente diz que vai assumir tudo, não assume? Cadê o amor próprio?

Se essa moça tiver o mínimo de amor próprio, não levará o relacionamento adiante. O cara já deu todas as demonstrações possíveis de que não a assumiu, e a ex-mulher continua ditando as coordenadas da vida dele; até férias eles passam juntos. O Natal ele passa com a ex-mulher e os filhos e o réveillon é com a "namorada": a situação dúbia continua, e isso impacta diretamente a vida da moça. Situações assim são muito desgastantes, a pessoa não pode viver a vida plenamente, parece que há algo errado e que deve ser escondido. Um relacionamento pressupõe cumplicidade e companheirismo, pressupõe participar ativamente da vida do outro. E a tal moça, mesmo depois de tanto tempo, permanece impedida e é constantemente vetada em diversos eventos.

Pode ser que ela seja feita de outra matéria, e isso poderia explicar toda essa dificuldade que tenho de compreender a razão pela qual ela ainda continua com o cara. Talvez ela aguente firme porque acredita no relacionamento, porque acha que é uma injustiçada e não pode perder a chance de viver um grande amor só por causa da *ex-wife*, aquela vilã que quer impedir a felicidade do casal de mocinhos. Desculpem, mas, para mim, essas histórias de amor só existem em folhetins. A vida real é mais prática e pouco (ou nada) romântica. A razão para a moça continuar com o relacionamento pode ser o simples interesse, uma troca que está boa para ela.

Humilhação tem limite, mas certos tipos de interesse, não. A moça, afinal, não é nenhuma coitada, tem profissão, pode muito bem trabalhar e viver de seu próprio suor, como a maioria faz. E, claro, ter a chance de estar livre para viver um amor de verdade, plenamente. Porque amor de verdade, sem confusão e com muita harmonia, existe, sendo a segunda, a terceira ou sei-lá-qual mulher do cara. Isso é possível, desde que ocorra num ambiente sem baixaria e sem interesses outros que não a felicidade e o bem-estar de todos os envolvidos, especialmente daqueles que não têm culpa pelo término de um relacionamento.

TENEBROSI TEMPORIS

Em pleno século XXI, vivemos tempos estranhos. Desde o início dos anos 2000, percebo, atemorizada, uma movimentação obscurantista. E muito dessa movimentação se vale, ao que parece, da ignorância, do desconhecimento científico, tecnológico, moral, ético e filosófico da maioria da população, em favor de obscuros grupos autoritários.

Minha primeira percepção quanto ao obscurantismo foi com relação aos alimentos geneticamente modificados, os transgênicos. Confesso que eu mesma sentia certo temor, até começar a ler artigos científicos publicados em periódicos de grande reputação e conviver, e aprender muito, com a alta estirpe científica nacional no campo da genética, biologia molecular e biotecnologia. Estudar e conhecer mais a respeito me fez entender duas coisas: (i) a técnica — transformação genética — é conhecida da ciência desde 1944 e é um processo que ocorre naturalmente em bactérias; (ii) os transgênicos são, atualmente, a classe de alimentos mais segura do mundo — são rigorosamente testados e avaliados antes de chegar às prateleiras; nenhum outro alimento passa por tanta avaliação como eles.

Por que então reações tão negativas, mesmo após cerca de 20 anos de uso ininterrupto e nenhum dano atestado? E por que a área de cultivo com transgênicos vem aumentando no mundo a cada ano?

A resposta às duas perguntas, meus caros leitores, é

a mesma: dinheiro. No primeiro caso, os que perdem assustam a população ignorante, que como papagaios repete frases feitas. E no segundo caso, uma cadeia produtiva inteira, que ganha dinheiro com isso, aumenta seus "domínios". E quando eu falo de cadeia, não estou me referindo apenas às grandes multinacionais que, estando de um lado ou de outro (geralmente estão nos dois lados), ganham muita grana, mas incluo os produtores, desde os donos de grandes extensões de terra ao pequeno agricultor familiar.

Falando friamente, a realidade atual sem transgênicos seria muito dura, já que fazem parte de nosso dia a dia: a insulina dos diabéticos; a vacina contra o vírus H1N1; a vacina contra a hepatite B; a abundância de comida boa e barata no mercado (exceto os orgânicos, claro, que são bem caros e nem tão seguros...).

A tecnologia aumenta a produtividade, resultando na redução do preço — simples lei da oferta e da procura, mas muitos discordam deste ponto de vista. Normal, cada um tem o direito às suas convicções e a comer o que bem entender. Assim, ninguém é obrigado a comer um alimento transgênico — é uma opção a mais, e só, come quem quiser — e, por favor, não me obriguem a comer orgânicos. Credo! Já morreu gente por isso!

Outro problema obscurantista: há um grupo de pessoas que simplesmente se nega a vacinar os filhos, já houve um surto de sarampo nos Estados Unidos em crianças que não foram vacinadas. No Brasil, no início do século XX, houve a revolta da vacina. Charges nos jornais retratavam pessoas virando monstros, deformadas caso se vacinassem contra a varíola. (Qualquer semelhança com o *lobby* anti-transgênico seria mera coincidência?) Oswaldo Cruz era retratado como o ser mais maléfico do mundo, mas foi ele quem "inaugurou" o programa de vacinação do Ministério da Saúde, e, atualmente, somos uma nação livre de novos casos de poliomielite e outras doenças que debilitam e matam. Fabricamos vacinas eficientíssimas e as oferecemos aos países da África que ainda padecem de doenças já controladas por aqui. O Zé Gotinha é um astro entre a criançada, e o resultado é uma população mais saudável, com maior estatura (repararam como a moçada está mais alta do que seus pais?), com maior esperança de vida.

No Brasil, já estão avançadas pesquisas de vacinas contra tuberculose, leishmaniose, Doença de Chagas, esquistossomose e malária. Detalhe: todas transgênicas. E as pesquisas só não estão mais avançadas porque a indústria farmacêutica não tem interesse em doença de pobre; já nossos cientistas, sim, mas com recursos escassos e sem investimento privado, o processo é mais demorado. Enquanto isso, nossa gente sofre. É o dinheiro, de novo.

E os obscurantistas que se negam a vacinar os filhos? Será que eles têm ideia do que era a vida sem vacinas, sem antibióticos, sem anestesia e outras benfeitorias facilmente disponíveis atualmente? Parecem romantizar um estilo de vida mais "natural", mas a verdade é que até o século XIX as pessoas morriam como moscas, afetadas por doenças que hoje nem lembramos mais que existem. O que essas pessoas fazem ao não vacinar seus filhos é multiplicar bactérias e vírus já controlados, o que é o mesmo que promover mutações e, consequentemente, aumentar a probabilidade de torná-los mais fortes e resistentes às vacinas que temos hoje. A ignorância os faz cometer esse crime contra seus próprios filhos, e quiçá contra toda a humanidade.

O obscurantismo que mais me choca, contudo, é o religioso, aqui mesmo no Brasil, outrora exemplo de tolerância com todos os credos. Destruir imagens em igrejas e terreiros de umbanda e candomblé, cometer violência contra pessoas que praticam tais religiões me dá a certeza de que estamos voltando à Idade Média, aos tempos da Inquisição. Desta vez, não por mãos católicas, nem por protestantes nascidos do cisma do século XVI, mas por seitas que se dizem cristãs e nasceram nos séculos XX ou XXI.

Religião, além de fé, é cultura. Começam assim, destruindo os mais pobres, mas como não ganham nada com isso, vão ampliar o "escopo" até atacar (de novo!) os judeus e também os muçulmanos. Estão no caminho do que tem feito o Estado Islâmico, e aí sim, minha gente, voltaremos de verdade ao século XV.

Será que estou exagerando? Pode até ser, mas aprendi que a História se repete. Os personagens mudam (exceto os judeus, vítimas que estão sempre na mira), mas os propósitos permanecem os mesmos: o poder e o dinheiro, que compra mais poder. Tomara que eu esteja enganada...

É muito estranho chegar ao nível de conhecimento científico e tecnológico a que chegamos e ainda nos depararmos com problemas tão medievais, com dúvidas tão primárias. É estranho que, com tanta informação circulando o tempo inteiro, a maioria das pessoas não seja capaz de lê-las, refletir a respeito e chegar a conclusões mais inteligentes, mais racionais e menos intolerantes, menos desrespeitosas, menos emocionais.

Será que ainda é possível ver "um novo começo de era, de gente fina, elegante e sincera", como canta Lulu Santos? O "muro de hipocrisia que insiste em nos rodear" aumenta a cada dia, a cada minuto. Idealizações românticas e pouco racionais ganham espaço e promovem o obscurantismo.

Século XXI, tempos modernos? Não, *tenebrosi temporis*...

ATENTADO CONTRA A FELICIDADE

Uma reflexão sobre o que sai com frequência no noticiário nos leva à constatação de que "ser livre", ainda que tenhamos diversas amarras, parece incomodar.

Aparentemente, esta é a única explicação para a onda de atentados terroristas na França, cada vez mais frequentes, de autoria do "estado" islâmico. Começou com o *Charlie Hebdo*, depois o tiroteio em pontos de Paris, incluindo o Bataclan, e por último o massacre em Nice, justamente no dia em que se comemorava a queda da Bastilha, um símbolo da liberdade, igualdade e fraternidade — lema da Revolução Francesa, valores que norteiam a cultura e o sistema de governo ocidental. Atentar contra a França no dia da queda da Bastilha, portanto, é atentar contra todo o ocidente.

Liberdade, igualdade, fraternidade: três palavras que parecem simples, mas implicam tanta coisa! Parece que foram registradas pela primeira vez dois séculos antes da Revolução Francesa, e a autoria do slogan *"Liberté, Egalité, Fraternité"* é atribuída ao humanista Étienne de La Boétie. Em 1791, foi lembrado no discurso de René Louis de Girardin e proposto como lema da República Francesa; e ainda hoje tais palavras são tidas como direitos dos cidadãos contra a opressão. Ser livre, nesse contexto, é estar protegido de acusações e prisões arbitrárias; ser livre é poder fazer tudo o que se quer, desde que não prejudique os outros. Portanto, somos livres para ser. E este é um dos ingredientes primordiais da felicidade.

Os cidadãos sendo todos iguais entre si, tanto nos direitos quanto nos deveres, implica a eliminação de privilégios e de classes dominantes. A felicidade, no contexto da Revolução Francesa e, porque não dizer, na atual cultura do ocidente, é um estado coletivo que advém da liberdade, da igualdade e da fraternidade, e tais valores são uma busca incessante, para que possamos melhorar enquanto coletivo humano.

Não é fácil alcançá-los; porém, parece que a liberdade é o valor que mais se aproxima da impressão de estar em plenitude — no ocidente, pelo menos, nos países que não são governados por ditaduras.

É possível que com o advento da internet e a consequente globalização da informação, tais ideais estejam alcançando um público diferente. A internet leva às pessoas fatos históricos sob diversos pontos de vista, leva cultura, literatura, conhecimento. Governos ditatoriais ou ancorados em sistemas religiosos se sustentam pela ignorância do povo e pela imposição de valores determinados por uma interpretação estrita de escrituras consideradas sagradas.

Parece que a liberdade de conhecer, de ler, de falar, enfim, de ser e existir, incomoda os lunáticos líderes e membros do "estado" islâmico a ponto de quererem eliminar, ainda que simbolicamente, qualquer coisa que represente a felicidade. Os atentados não são aleatórios, são bem planejados e articulados. O *Charlie Hebdo*, por exemplo, brinca com as notícias. É um jornal de humor, que provoca risadas, publica piadas. É um símbolo de liberdade e traz felicidade. Os bares e restaurantes de Paris, com música, comida, bebida, gente contando histórias, rindo, dançando, são locais onde é possível ver a felicidade na simplicidade de um encontro com amigos. A comemoração da queda da Bastilha é um orgulho francês, porque foi ali o começo dos ideais que norteiam todo o ocidente. É um dia de festa, um dia de felicidade coletiva: o dia de comemorar a liberdade.

No entanto, apesar dos atentados, nada vai nos tirar a satisfação de sermos livres, de vermos o outro como um igual, de sermos felizes. O "estado" islâmico pode até provocar uma tristeza momentânea, mas a liberdade de que desfrutamos hoje custou muitas vidas e não desistiremos dela. Choramos a morte de cerca de 80 pessoas, os novos mártires da liberdade, da felicidade. Mas essa dor vai passar, embora não possa ser esquecida, e não será.

Quem ousa inovar?

Certa vez assisti a um vídeo muito interessante no You-Tube, sobre mitos e verdades existentes entre Japão e Colômbia, uma palestra proferida por um jovem colombiano, descendente de japoneses, que havia emigrado para aquele país ainda criança. Entre outros assuntos, cita como exemplo a indústria automobilística japonesa: o inventor do automóvel foi um americano, mas os japoneses têm, atualmente, os melhores carros, e ele credita este e outros sucessos japoneses à disciplina desse povo. Certamente que sim, mas eu teria outras considerações a acrescentar.

Começo pela pergunta: por que os carros japoneses são melhores, se eles não inventaram o automóvel, nem o motor a combustão, nem praticamente nada que existe nos seus excelentes carros? Já respondo: inventar não é tudo; é preciso inovar. Portanto, os carros japoneses são melhores porque inovaram sobre a invenção e, claro, patentearam suas inovações. Assim, trazem *royalties* para seu país, carente de recursos naturais e dependente de importações para grande parte de suas necessidades.

A indústria japonesa, notadamente a automobilística, começou no pós-guerra como os chineses fazem agora: copiando. De tanto copiar, aprenderam. A disciplina, aliada à prática da cópia e a um forte sistema educacional, com ênfase em Ciências e Matemática, explica por que a indústria japonesa é um sucesso, e olha que esse país saiu da segunda guerra mundial completamente arrasado.

Impossível não pensar na indústria do nosso Brasil. A Segunda Guerra não teve aqui um centésimo das consequências que teve para o Japão, e nosso país conta com recursos naturais os mais diversos. Ainda assim, nosso rendimento industrial tem caído ano após ano, e estamos cada vez mais dependentes da importação de produtos industrializados. Políticas de inovação até existem, mas os entraves são muitos; a carga burocrática e as inúmeras exigências para se montar uma empresa no Brasil fazem muitos talvez-futuros-empresários desistirem logo no início, especialmente os microempreendedores. Depois, vêm a imensa carga tributária e as dificuldades quase insuperáveis para importação de insumos necessários ao desenvolvimento de determinados produtos.

Inovar no Brasil requer muita vontade, paciência e uma boa dose de ousadia. É preciso ser ousado porque a cultura do brasileiro demoniza a indústria. Para início de conversa: geralmente, um pesquisador trabalha, pesquisa, gera conhecimento e, eventualmente, um produto; mas, em geral, o trabalho de um pesquisador não é voltado ao atendimento de demandas da indústria, e nem, em última instância, do mercado nacional. Em outras palavras, a pesquisa, especialmente nas universidades, é feita praticamente sem direcionamento prático, aplicável.

Conheço alguns pesquisadores que são discriminados porque trabalham em conjunto com a indústria. Seu trabalho e sua qualidade científica são postos em cheque simplesmente porque recebem financiamento da indústria para solucionar problemas pontuais, e são acusados de serem "vendidos". Essa cultura brasileira de que é "pecado" ganhar dinheiro, mesmo honestamente, prestando um serviço, prejudica muitíssimo a capacidade de inovação nacional.

Outro problema gravíssimo: inovação implica em

investimentos vultosos com alto risco, e resultados (entenda-se: lucro) a médio e longo prazo. Estaria a indústria nacional disposta a investir pesado, por um período de tempo razoável, correndo o risco de não se chegar a lugar algum, ou de simplesmente demorar para lucrar? Ao que parece, não está, não. Nossa indústria farmacêutica é um bom exemplo: é excelente para fazer genéricos e biossimilares — inovação tendendo a zero; mas em novos medicamentos, em especial os biológicos, que são caríssimos, pouquíssimas se arriscam a investir, embora as que o fazem recebam bons subsídios governamentais. No frigir dos ovos, o que interessa é o lucro imediato. Nessa brincadeira, se aparece uma multinacional (com cultura de investimento de alto risco) disposta a comprar a pequena e engatinhante empresa brasileira com excelentes ideias e projetos (mas completamente travada pelas armadilhas burocráticas e tributárias), o empresário nem pensa duas vezes: vende e embolsa uma boa grana. Sua empresa, finalmente, terá dado lucro.

É notável que o Brasil esteja passando por um processo de "desindustrialização", tão fraca anda a nossa indústria nesta segunda década do século XXI. Apesar da cultura mesquinha e, ao mesmo tempo, franciscana, da cadeia de inovação nacional (indústria e academia), é do governo a maior responsabilidade de nossa indústria não alavancar. A falta de uma política industrial robusta, e que considere toda a cadeia produtiva, a forte burocratização, as dificuldades de importação de insumos e a enorme carga tributária imposta às *startups* e micro e pequenas empresas são obstáculos que interferem de maneira definitiva na capacidade de inovação nacional. As consequências estão aí: vivemos num país que se sustenta com a exportação de produtos de baixo valor agregado (*commodities* agrícolas e mineração, principalmente) para importar produtos industrializados, de alto valor agregado. É uma conta negativa que aumenta a cada ano.

Pelo visto, temos muito a aprender com os japoneses, que não moram num país tropical abençoado por Deus (que, aliás, dizem, é brasileiro), mas alcançaram um altíssimo nível de desenvolvimento industrial. A China já está seguindo o caminho das pedras que a Coreia trilhou com sucesso. E o Brasil, ousará?

Arte genuinamente brasileira

Pura poesia: foi exatamente a linguagem poética que me chamou a atenção no filme "O menino e o mundo", animação brasileira candidata ao Oscar 2016, uma obra que é pura arte. Talvez por isso não tenha levado o prêmio.

O mais interessante é que o filme é uma produção independente, e premiadíssima! Custou apenas US$ 2 milhões, praticamente tudo financiamento público. E isso também pode ser um motivo para não ter ganho o Oscar. Mas é preciso dizer que gostei de ver meu dinheiro empregado nessa obra de arte! Gostei também de ler uma equipe inteirinha de brasileiros nos créditos finais. O diretor, que não tinha recursos para divulgar o filme nos EUA, começou uma campanha no Facebook e em menos de uma semana arrecadou US$ 100 mil. Tudo, tudo, até a divulgação nos *States*, foi obra genuinamente brasileira. Ver algo assim me enche de orgulho.

Falando em diretor, vale mencionar que ele foi capaz de materializar a música! É incrível a linguagem de que Alê Abreu lança mão para mostrar o mundo de uma criança e dali extrapolar para o mundo adulto, real e duro. A sonoridade musical é um trunfo importante de linguagem, muito bem explorado em "O menino e o mundo". Não existe a menor necessidade de se utilizar palavras; a poesia visual, sonora e musical dá o recado com perfeição e tocante ternura, ainda que a mensagem final seja um estatelante tapa na cara: o que no início parece ser um filme para criancinhas, pelo traço simples, rico colorido e ausência de falas, mostra-se uma história complexa, triste e que nos convida à reflexão. Ou a algumas reflexões.

O filme retrata a sociedade do consumo, a explo-ração, a gana do capitalismo em produzir sempre mais e levar as pessoas a comprar mais, ainda que sejam "bens" desnecessários. De fato, nesta sociedade consumista em que vivemos, pessoas trocam de carro anualmente, trocam de celular a cada lançamento, têm um consumo excessivo de energia, seja por preferirem meios de transporte indi-viduais, seja pela enorme quantidade de eletroeletrônicos sempre ligados em casa. Aparelhos diversos, roupas, calça-dos que muitas vezes sequer são usados são exemplos sim-ples de consumo desenfreado, da "necessidade" de com-prar a que somos induzidos.

Há muitos "apelos" ao consumo em nossa sociedade contemporânea. A propaganda é uma arma poderosa, além dos shopping centers, verdadeiras máquinas indutoras de compras; e é fácil observar a crescente paixão dos brasilei-ros por tais ambientes, haja vista a quantidade de shoppin-gs inaugurados nos últimos anos, sem falar de outros que são ampliados para abrigar mais lojas e da facilidade de ter tudo reunido num só lugar, repleto de luzes que realçam a beleza dos produtos, com cores e artimanhas cientifica-mente engendradas para induzir ao consumo. Esse consu-mo que, cada vez mais desenfreado, vai levar o mundo à destruição, e não creio que estejamos muito longe disso, infelizmente.

Em meio à delicadeza e fragilidade dos traços em "O menino e o mundo", vemos a brutalidade da vida, dos "cenários" cotidianos. O argumento explorou primorosa-mente essa dicotomia: é dolorida a realidade do caipira que deixa a família e vai trabalhar na cidade, dolorida para o caipira na cidade e para família que fica, para a criança que não vê mais o pai voltar da roça ao fim do dia. Isso ainda é realidade neste nosso Brasil, tão plural, tão rico, tão pobre, tão violentamente desigual.

Continuando nossa reflexão, o filme ainda nos faz pensar sobre a criança que levamos sempre junto de nós, sobre os cantinhos coloridos de nossa alma em meio ao cinza caótico da dura realidade que nos cerca, sobre a importância da nossa família, da saudade, daquilo que plantamos, do que vivemos, do que fomos.

O mundo contemporâneo exige muito de nós; ocupa demais o nosso tempo, e dedicamos pouco espaço em nossas vidas para cultivar o que realmente importa, quem realmente importa e todos e tudo aquilo que amamos. A vida acaba se tornando uma sucessão de dias cheios de atividades e obrigações que temos que cumprir. Quando o dia termina, sem perceber, não demos aquele telefonema para um parente, não batemos um papo legal com a família, não vimos uma dificuldade por que um vizinho podia estar passando. Vivemos uma época tão livre, mas, paradoxalmente, vivemos ensimesmados, completamente presos à nossa própria teia.

O que temos feito com esses cantinhos coloridos de nossas almas? Ainda conseguimos ter o olhar vívido de uma criança para o mundo que nos cerca? Qual será a sombra que vai nos amparar em nossa velhice?

Eu protesto! Por mais visitas aos nossos íntimos cantinhos coloridos, por olhares mais inocentes e capazes de descobrir o mundo, por uma vida com mais árvores, animais e alegria, e com mais música.

A CIÊNCIA EXPLICA TUDO

Há inúmeras pesquisas "inúteis" que são propagadas todos os dias, aos montes, na internet e — pasmem! — nos periódicos científicos, até nos mais renomados. Todas têm uma característica em comum: são inusitadamente engraçadas.

Vejam essa pesquisa sobre o beijo, por exemplo. Ao que parece, a Universidade de Oxford conduziu um estudo cujos resultados apontam que o beijo é determinante na escolha dos parceiros, principalmente pelas mulheres, e que dita a duração de um relacionamento. Segundo essa pesquisa, pelo beijo é possível receber "pistas biológicas" de compatibilidade genética e saúde geral. Desculpem, mas e os outros sinais conservados ao longo da evolução, tais como feromônios, aparência, posição hierárquica na sociedade? Para qualquer fêmea, uma boa aparência e demonstração de poder são essenciais na escolha do macho, porque subliminarmente isso indica uma prole mais robusta, mais forte e com maiores chances de sobrevivência. As matérias sobre essa pesquisa dizem que nenhum outro animal beija. Se os autores se referem somente à junção e movimentação ritmada dos lábios, tudo bem. Mas certas carícias (lambidas, dar aquela farejada) de cães, gatos e outros mamíferos não corresponderiam a um beijo? Ainda mais se considerarmos que o estudo diz respeito à verificação de compatibilidades entre macho e fêmea!

Já outras pesquisas são bem óbvias. Uma atestou que o beijo romântico não é um comportamento universal. E quem não sabia disso? É tudo uma questão cultural, varia de acordo com o lugar e a época. Será que nossos bisavós se beijavam como fazemos hoje? Não se tirava nem a roupa para ter relações sexuais, duvido que o beijo fizesse parte das preliminares. Aliás... preliminares?

Outra coisa que pesquisaram foi a relação do brasileiro com o banho. E precisa? É algo visceral, mais do que cultural. Nos dias de muito calor, são dois, dependendo até três banhos, pelo menos uma ducha fria na cabeça para ajudar a refrescar. Mas essa mesma pesquisa revelou também quem são os porquinhos do mundo: boa parte dos chineses toma banho só uma vez por semana...

Um grupo de pesquisadores japoneses ganhou o prêmio IgNobel de Física em 2014 por ter estudado as propriedades de deslizamento da casca da banana — um conhecimento que a humanidade não poderia dispensar; aliás, como é que ninguém havia estudado isso antes? O trabalho, publicado em 2012 no periódico *Tribology on line*, traz diversas medidas do coeficiente friccional, utilizando cascas de banana em condições distintas (casca fresca, com o epicarpo do fruto para cima e a casca seca), totalizando 60 medições. Fizeram tratamento estatístico dos dados e concluíram que a casca da banana possui capacidade deslizante próxima à de um esqui na neve. Bom mesmo seria se a aplicação prática dessa pesquisa resultasse na substituição dos esquis convencionais por outros feitos com casca de banana, não acham?

A física é realmente fascinante. Um grupo americano ganhou o IgNobel de 2015 por descobrir que os mamíferos levam 21s ± 13s para esvaziar suas bexigas. E olha que esse trabalho foi publicado num dos periódicos de maior impacto no mundo científico, o PNAS — *Proceedings of the National Academy of Sciences of the United States of America*! Gente, é muito difícil publicar nessa revista científica, é o sonho de muitos cientistas ter um artigo na PNAS. Essa descoberta deve ter alguma relevância, sei lá; pelo menos para nós, que não entendemos nada de fisiologia do aparelho excretor, esses resultados podem, de repente, nos ajudar a calcular o tempo que passaremos no banheiro.

Pesquisadores japoneses concluíram que mascar chicletes é ótimo para a postura corporal, mastigar a goma parece acentuar a estabilidade postural durante a posição vertical. Depois desse estudo, a Trident vai ficar rica, e a Ploc e a Ping Pong podem reabrir suas fábricas! Chiclete Adams, prepare-se para explodir em vendas!! Por outro lado, as profissões de fisioterapeuta e instrutor de RPG e afins podem ficar em baixa, já que o chiclete é mais barato e resolve vários problemas.

Escócia e Canadá também dão sua contribuição para as pesquisas bizarras. Uma traição pode ser descoberta conforme o tom de voz do parceiro. Se homem, a voz mais grave do que o normal indicaria traição; se mulher, a voz mais aguda. Estes seriam os sinais da presença de hormônios sexuais (testosterona e estrogênio, respectivamente), que aumentam a propensão a trair. Mulheres do mundo todo, vigiai para que vossos homens não fiquem roucos, pois não será gripe, nem resfriado, nem excesso de fala por atividades como aulas ou palestras: já existe uma pesquisa que "comprovou" que ele estará pulando a cerca!

E agora a cereja do bolo: um grupo da Universidade de Manchester testou e investigou as razões pelas quais o pão sempre cai com o lado da manteiga (ou geleia, ou requeijão, ou margarina etc.) virado para o chão. A hipótese foi testada e comprovou-se que em 81% das simulações, o pão caía desse jeito; os motivos estariam associados à alteração da textura da superfície do pão, que passaria a ter menos atrito com ar e provocaria uma mudança na rotação da comida ao cair. Ufa! Agora que sabemos disso, talvez fiquemos mais conformados quando o pão cair e não avoquemos erroneamente a Lei de Murphy.

A SOCIEDADE SOB O IMPACTO DA INTERNET

O século XXI está ainda em sua segunda década, mas já é possível perceber qual será sua marca. Enquanto o século XX foi marcado, além das duas guerras mundiais, pelo grande desenvolvimento industrial, alavancado por diversas inovações tecnológicas e resultando numa qualidade de vida que a humanidade nunca experimentara antes, o século XXI muito provavelmente se destacará pela influência da internet. Notícias, entretenimento, trabalho, serviços e relacionamentos têm sido enormemente impactados pela rede.

Assino um jornal de grande circulação nacional, mas não o recebo em minha casa, não leio mais jornal em papel: leio irrestritamente todo o conteúdo de seu portal, por menos de dez reais por mês; em outras palavras, gasto 0,30 centavos por dia para ler uma infinidade de notícias atualizadas em tempo real, análises diversas, artigos de opinião, de cultura, e até de culinária. E ainda posso repartir a senha de acesso com meu marido; afinal, ao se comprar um jornal, toda a família poderá lê-lo, não é mesmo?

Há anos não pagamos TV por assinatura. O serviço deixava muito a desejar e as tarifas eram elevadas. Isso torna-se especialmente custoso para uma família formada somente por adultos que passam a maior parte do tempo fora e, portanto, mal ligam a televisão. Os principais telejornais nacionais são razoáveis, e há canais públicos com conteúdo excelente e matérias e programas de alto nível, como a TV Brasil e a TV Escola.

Infelizmente, a maioria da população não tem interesse numa programação televisiva mais cultural; já os seriados americanos transmitidos pelos canais por assinatura são uma febre. Não que eu não goste, para falar a verdade, adoro seriados, sejam americanos, brasileiros (raríssimos) ou espanhóis. Mas a transmissão deles pelos canais pagos é péssima: muitas vezes são dublados e sempre são cortados para encaixar os comerciais dos patrocinadores. Assim, substituímos os canais a cabo pela internet e serviço *streaming* de filmes e séries. Prático, cômodo e barato. Podemos assistir a uma boa gama de seriados e filmes quando bem entendermos, e não dependemos de uma grade horária determinada pelas emissoras nas quais nem sempre os programas que nos interessam estão disponíveis nos horários mais convenientes para nós.

Não, não assistimos aos seriados e filmes pelo computador e tampouco temos uma *smart* TV. Temos, sim, um dispositivo barato (cerca de R$ 200), pouco maior do que um pen drive, que não ocupa espaço e que, pelo *wifi* da casa, transmite o conteúdo do computador, do *tablet* ou do telefone celular para a TV, onde é conectado pela entrada HDMI. Como fui uma das primeiras pessoas a aderir ao serviço de *streaming*, minha assinatura é mais barata do que a de vários conhecidos, e o dispositivo que está conectado à TV foi pago uma vez e durará para quase todo o sempre. Já se pagou no primeiro mês de uso.

Os serviços via internet estão em franca expansão. Sites de compras, cadastros governamentais diversos, declaração de imposto de renda, tudo isso pode ser feito no conforto e tranquilidade de seu escritório, em casa ou no trabalho. Até pesquisas de opinião, contrato de edição de livros, compra de supermercado, enfim, tudo o que se imaginar já é possível fazer sem sair de casa.

Mas isso tem um lado bom e um lado ruim. Compras de supermercado, especialmente hortifrutigranjeiros, é algo que considero indispensável fazer pessoalmente. Uma bela ida ao cinema é muito mais emocionante do que assistir ao filme pela TV ou, pior ainda, pelo computador. Adoro passear em livrarias, mas tenho comprado livros pela internet e tenho duas estantes virtuais, uma do *kindle* e outra do *kobo*. Já não temos muito espaço para mais livros em casa, e os livros eletrônicos custam bem mais barato do que os livros em papel. Realmente, vou a livrarias só para passear mesmo, um gosto que não perco, mas muito raramente compro livros em papel.

Os relacionamentos também são influenciados pela internet. Na era da comunicação interpessoal por cartas, o mundo tinha outro ritmo. Com o advento e a popularização do rádio e depois do telefone, ambos no século XX, houve uma revolução nos relacionamentos. Tornou-se possível ouvir as vozes das pessoas, coisa que antes só ocorria ao vivo. No final do século XX, vieram a internet e o e-mail, propiciando a comunicação de longa distância em poucos minutos, mas foi no século XXI que se deu a grande revolução: transmissão de dados e mensagens em tempo real, especialmente com o WhatsApp e outros aplicativos do gênero. O telefone pode ser substituído por chamadas de vídeo, e não apenas ouvimos a voz das pessoas, como também as vemos, e é quase como estar com elas ao nosso lado — uma maravilha para famílias que têm parentes vivendo longe.

Essa faca, no entanto, tem dois gumes, justamente no ponto das redes sociais. Parece que as amizades estão mais superficiais, pois o mundo virtual praticamente afasta muita gente do convívio real. Além das amizades superficiais, é possível observar vidas quase vazias ou mesmo *fakes*, já que grande parte das pessoas se esforça para divulgar aquilo que possa fazer sua vida parecer um comercial de margarina, uma propaganda de uma vida que não existe, que não é real. Perda de tempo, que poderia ser melhor aproveitado com convivência de verdade.

E há, claro, as correntes. Em geral são divertidas; algumas aguçam a criatividade, outras até estimulam o conhecimento cultural, pois pedem postagens de poemas, fotos de paisagens, lista de livros, enfim, existe uma infinidade de correntes sobre os mais diversos assuntos. Outras já dizem respeito a situações mais cotidianas e a estereótipos sociais. Um exemplo interessante foi a corrente do Facebook chamada "desafio da maternidade", que pedia às mulheres para colocarem fotos que as faziam felizes e realizadas por serem mães. Fotos fofas à parte, veio a polêmica: uma das desafiadas declarou abertamente que amava seu filho, mas detestava ser mãe. E, em lugar de aceitar o desafio, propôs outro: o da maternidade real, com suas dores, seus odores e situações-limite. Essa mulher foi execrada por sair do lugar-comum, a ponto de suspenderem o seu perfil na dita rede social; em outras palavras, a abertura do livre pensar proporcionada pela internet não resistiu ao contraditório e à realidade de que a convencional felicidade de ser mãe não é uma unanimidade.

Muitos relacionamentos são até terminados devido à discordância de opiniões, geralmente políticas, que são expostas nas redes sociais. A época de eleições é a hora em que os ânimos se acirram, em que ofensas são propagadas gratuitamente, em nome de ideologias diversas. Talvez seja este o preço a se pagar pela superficialidade das relações.

Até o final do século, espero que este cenário dos relacionamentos virtuais mude, e que as pessoas compreendam que o *tête-à-tête* sempre será a melhor maneira de se conhecerem, conviverem com as diferenças e a diversidade de pensamento e se respeitarem mutuamente.

Amigos, vigiai!

Fiquei perturbada com a morte do João Ubaldo Ribeiro, ocorrida em 14 de julho de 2014. Primeiro, porque ele tinha a mesma idade dos meus pais, e aí me deparei com a brevidade do tempo que ainda posso ter com eles; não havia me dado conta disso. E segundo, porque sou uma apaixonada pela prosa do João Ubaldo, desde que li *Sargento Getúlio*.

A repercussão de sua passagem foi grande, com notícias em todos os canais e mídias. Querendo saber e aprender mais sobre um de meus ídolos literários, procurei ler o máximo que pude, e encontrei algumas "pérolas" na internet, tipo: o escritor seria autor de livros como *Memórias do Sargento Getúlio e O sorriso dos lagartos*. É isso mesmo, minha gente, o sorriso doS lagartoS! Memórias do Sargento! Fiquei indignada. Em tempos de internet, "lapsos" como esses são imperdoáveis. Ei, cadê o editor?

Analisando friamente a situação, temos aí mais uma evidência de que o jornalismo, infelizmente, está decaindo, talvez devido à rapidez com que a notícia deve ser veiculada. Não raras vezes, vemos matérias na internet com erros de concordância, palavras repetidas ou no lugar errado, outras que foram esquecidas numa edição descuidada. Pode até ser que falte edição completamente, dada a necessidade de veicular uma notícia em tempo real. No entanto, esta e outras desculpas não valem para os equívocos nos jornais impressos, onde se supõe que haja rígida correção.

Há alguns anos, minha prima jornalista abordou em seu blog a discussão do momento, sobre a decisão do STF relativa à não obrigatoriedade de diploma formal em jornalismo para o exercício da profissão. Ela, jornalista formada, trabalhando em empresa de destaque no ramo das comunicações, abriu o verbo: entregou que os cursos de jornalismo, em geral, não têm aulas de português; a pessoa já tem que entrar sabendo escrever, porque na faculdade aprenderá, no máximo, algumas técnicas. E aí começam os problemas: não é raro encontrarmos frases dúbias, não só ao longo das matérias, como também nas manchetes. Erros de concordância nominal, verbal, regência e outros também são muito comuns e, em alguns casos, podem até comprometer o conteúdo da notícia.

E por falar em conteúdo, este é o item mais preocupante: mentiras são plantadas diariamente em nome de interesses diversos, e o brasileiro médio, que, em geral, adora uma desgraça e um escândalo, é incapaz de fazer uma análise crítica mínima e razoável dos supostos "fatos" noticiados.

Uma "notícia" que me estarreceu foi que, proporcionalmente, a Alemanha tem mais analfabetos do que o Brasil. Ora, uma simples busca na internet sobre índices de alfabetização, baseada em dados oficiais, mostra que 99% dos alemães acima de 15 anos são alfabetizados, e que no Brasil somente o são 90,3% dos cidadãos. Lembrando que porcentagem já é um dado de proporcionalidade, significa que de cada 100 cidadãos alemães, 99 são alfabetizados e de cada 100 brasileiros 90 o são. Essa explicaçãozinha pode parecer banal, mas, infelizmente, não é; li comentários por aí dizendo que 90% de 200 milhões significam muito mais. Socorro! Aí me lembrei de que o Brasil ficou em 58º lugar em matemática no exame internacional de educação básica, de um total de 65 países. Ah, bom.

E quem "espalhou" essa notícia? Um jornalista, claro, "baseado" numa pesquisa; em que periódico científico foi publicada não nos foi informado, mesmo porque, como toda pesquisa científica, deve ter metodologia, resultados e discussão avaliados pelos pares antes de serem publicados em revistas especializadas para que outros estudiosos possam ler, corroborá-los ou refutá-los. A informação dada, ao que parece, está ancorada unicamente na interpretação que fez o autor da matéria jornalística sobre a pesquisa. Se nos lembrarmos que apenas um em cada quatro brasileiros domina plenamente as habilidades de leitura, escrita e matemática (segundo o Inaf, 2011-2012 — Indicador de alfabetismo funcional do Instituto Paulo Montenegro e da ONG Ação Educativa), é possível entender por que uma notícia dessas é escrita e, principalmente, porque se espalha com tanta facilidade. O que fica cada vez mais difícil é engolir taxas tão altas de analfabetismo funcional (cerca de 27% da população).

Em 2009, o Ministro Lewandowski, do STF, disse que o exercício do jornalismo dispensa diploma universitário porque requer "uma sólida cultura, domínio do idioma, formação ética e fidelidade aos fatos". Ele está certo, não há dúvidas, mas num país onde apenas 26% da população é considerada plenamente alfabetizada (Inaf, 2011-2012), espera-se, por proporcionalidade, que somente 26% dos jornalistas brasileiros em atividade detenham os requisitos mencionados pelo Ministro. Na melhor das hipóteses.

O Ministro Gilmar Mendes, por sua vez, declarou em seu voto que o jornalismo não oferece dano à coletividade, como as profissões da área da saúde, por exemplo. Não é bem assim: se o jornalismo que se pratica é ético, fiel aos fatos e cuidadoso com o que publica, tudo bem. Se não é, pode destruir a vida de pessoas para sempre (como no caso da Escola Base, de triste memória), pode mal interpretar dados, pode eleger governantes — já tivemos experiência com isso! Não é à toa que a imprensa é chamada de "o quarto poder". Mas, obviamente, não é um diploma universitário que vai garantir ética, lisura, moral.

Com um quadro desses, o errinho nos títulos das obras do saudoso João Ubaldo parece fichinha. Mas não é bem assim: trata-se de uma clara demonstração de que as informações sequer são checadas antes de serem publicadas. Algum desavisado acerca da obra de João Ubaldo, com uma informação dessas, pode achar que os lagartos sorriem e que *Sargento Getúlio* é uma biografia. E como brasileiro gosta de saber da vida dos outros, ficará curioso a respeito da biografia do ex-presidente Sargento Getúlio Vargas, ui!

Poderia até ser engraçado, se não fosse tão desesperador. A liberdade de imprensa é uma das principais características de uma democracia, e é um bem do qual não podemos prescindir.

Confesso que tenho muito medo de perdermos essa liberdade. Por piores que sejam os erros, se eles existem, é porque tem gente escrevendo sem medo; e isso deve ser mantido, os erros é que devem ser corrigidos, e não será uma lei que controle a imprensa que garantirá isso.

Penso que, por enquanto, temos que desconfiar de tudo o que lemos por aí. Erram *Veja*, *Folha de S. Paulo*, *Estadão*, *Carta Capital*, *Isto é*, *Época*, *O Globo*, *Diários Associados*, erram muito, todos eles. Não é porque saiu na *Folha* que se trata de verdade incontestável. Não é por ter linha editorial mais à esquerda que a *Carta Capital* é mais confiável. As coisas, o mundo, a vida e, principalmente, a política, não são simples assim.

Inspirada pelo Evangelho de São Mateus, resta-me apenas dizer: Amigos, vigiai! E checai para não cairdes em desinformação!

Filosofia de quinta

Procuro sempre me aperfeiçoar na escrita e sempre leio dicas de escritores mais experientes ou textos de grandes mestres. Leio e releio, porque é sempre bom recordar técnicas e conselhos. Um autor que gosto de voltar a ler é Arthur Schopenhauer, e seus textos reunidos em *A arte de escrever*.

Dentre as diversas frases e pensamentos que marquei na primeira vez que o li, uma em especial me levou a algumas reflexões, e gostaria de compartilhar o que tenho pensado a respeito da "inacreditável tolice e a perversidade do público que deixa de ler os espíritos mais nobres e mais raros de cada gênero, de todos os tempos e lugares, para ler as besteiras escritas por cabeças banais que aparecem diariamente, que se espalham a cada ano em grande quantidade, como moscas".

Schopenhauer escreveu essa pérola no século XIX, mas, de certa forma, continua tão atual, que poderia ter sido escrita ontem. Se nosso filósofo retornasse à vida e espiasse o que está acontecendo, e como, pediria pra morrer de novo. Nas redes sociais, então, aparece tanta bobagem, que sou forçada a concordar com o prussiano.

Mas a verdade é que o século XXI é muito diferente do século XIX, a começar pelo fato de que a maioria da população está alfabetizada, e de que, com a internet, a informação flui instantaneamente. Portanto, há muito mais "besteiras escritas por cabeças banais" do que jamais supôs Schopenhauer. E essas besteiras são muito mais acessíveis também.

Acontece que essas bobagens podem ter um efeito inusitado: vir a ser a porta de entrada para o mundo da leitura.

Não faz muito tempo, conversando com uma amiga, revelamos os livros idiotas que havíamos lido — nosso passado negro literário. Mas concluímos que foi uma etapa importante para despertar em nós o gosto pela leitura. Não tínhamos maturidade para compreender as obras literárias relevantes, mas chegamos lá, digamos, passando por várias etapas, a ponto de, atualmente, nos atrevermos a escrever; acreditando, claro, que não fazemos parte das cabeças banais que escrevem besteiras.

Naturalmente, vencemos diferentes etapas porque fomos capazes de apurar nosso senso crítico, que ao longo do tempo nos permitiu fazer escolhas literárias mais... sensatas. Também tivemos o apoio de nossas famílias, pois nossas casas contavam com "bibliotecas" humildes, mas significativas, com obras de Monteiro Lobato e Ana Maria Machado, e clássicos da literatura universal. Além disso, estudamos em escolas que incentivavam a leitura e indicavam bons livros.

Na época de Schopenhauer, apenas uma minoria sabia ler. Hoje, esse quadro mudou, mas, apesar de a maioria das pessoas saber ler, ter habilidade para compreender e analisar o conteúdo já é outra história. E aí vem outra máxima do nosso filósofo: "Ler significa pensar com uma cabeça alheia, em vez de pensar com a própria. Nada é mais prejudicial ao pensamento próprio (...) do que uma influência muito forte de pensamentos alheios, provenientes da leitura contínua".

Isso é particularmente verdade quando não se tem conhecimento sobre determinado assunto, e Schopenhauer é bastante severo ao considerar que somente os cientistas seriam capazes de ler e ter pensamento próprio, porque detêm o conhecimento. Por outro lado, acredito que se a pessoa lê bastante, poderá se deparar com linhas de pensamento distintas e... bingo! Terá que pensar a respeito e, eventualmente, até estudar o assunto, para se decidir com qual delas concorda. E eu, otimista, creio verdadeiramente que isso pode ser o começo do desenvolvimento da capacidade de compreensão e análise, por que não?

O que eu quero dizer com tudo isso é que acredito na leitura como ferramenta para desenvolver capacidades diversas, entre elas, a escrita. E que não é vergonha passar por livros ruins. Faz parte do processo. E mesmo que muitos empaquem no meio ou até no início, sempre há os que se salvam das Biancas e Sabrinas, eu mesma sou um bom exemplo disso.

Tudo começou com outra amiga que levava esses livrinhos para ler nas folgas do trabalho. Nessa época, eu tinha uns 13 anos e ajudava na gráfica da família durante as férias. Um dia ela me emprestou um, li e gostei. E daí foi um pulo para o vício, que me levava a gastar toda a minha parca "semanada" na banca de jornais. Nas férias escolares seguintes fui salva por Agatha Christie, indicação de outra amiga. Depois, ávida por ler mais, ataquei a minibiblioteca caseira e aí me encantei completamente por José de Alencar e Bernardo Guimarães. Segui para uma leitura mais pesada, Eça de Queiroz, seu padre "criminoso" e o primo que só queria pegar a moça desprevenida — isso, bem antes da indicação da escola, que, por óbvias razões, não indicou *O amante de Lady Chatterley*, mas tracei-o também, antes dos 16 anos.

Bom, como vocês puderam perceber, a coisa avançou, e hoje em dia consumo tipos mais complexos e até me atrevo a discutir com Schopenhauer, apesar de seus escritos de dois séculos. Posso estar completamente equivocada, mas tenho meu próprio pensamento sobre diversos assuntos, não porque detenha grande e diverso conhecimento científico, longe disso, mas simplesmente porque leio (e aprendo) bastante.

Finalmente, o próprio Schopenhauer declara que "o mais belo pensamento corre o perigo de ser irremediavelmente esquecido se não for escrito". Só que belos pensamentos são raros, raríssimos, e como os encontraremos se não lemos? Como toda arte, também na literatura só serão conhecidas no futuro aquelas obras que realmente tenham valor artístico, histórico, científico ou filosófico. E muito embora estejamos expostos às ditas "besteiras", poderemos nos deparar com verdadeiras obras de arte, que certamente se perpetuarão ao longo dos anos, provocando inquietações e reflexões, talvez até novas ideias. Está aí Schopenhauer que não me deixa mentir, com seus escritos de dois séculos de idade.

Qualquer um

Gosto e procuro ler, sempre que possível, periódicos de outros países, e a internet é uma santa mãe pra isso. Numa de minhas incursões no jornal argentino *La Nación*, me deparei com uma crônica que mexeu comigo, de autoria de um escritor espanhol, Arturo Pérez-Reverte.

Confesso, não conheço nenhuma de suas obras (e são muitas!), mesmo porque tenho escancarada preferência por literatura brasileira e portuguesa.

O fato é que a crônica, intitulada "Isso qualquer um faz: o doce preço de que haja gente que te leia" (tradução livre), chama atenção para a visão que o público em geral tem da literatura e do "ofício" de escritor. No texto, Arturo conta que estava sentado num bar, lendo, quando um estranho o reconheceu. Leitura interrompida, o senhor fez questão de dizer que não era seu leitor, mas que sua esposa tinha todos os seus livros. E perguntou, sem cerimônia: "Como faço para escrever um romance?" O escritor até tentou ajudá-lo, mas ao ver a impossibilidade de dizer algo realmente útil, já que o indivíduo sequer era um leitor assíduo, perguntou-lhe se ele não gostaria de compor músicas. Ao que recebeu como natural resposta: "Gostaria, sim. Mas isso não é qualquer um que faz..."

O tal senhor disse tudo: qualquer um pode escrever. Tem plena razão, todos somos alfabetizados e sabemos ler e escrever. A internet e as inúmeras redes sociais (inclusive de escritores) não me deixam mentir. Mas quando o senhor pergunta a Arturo como se faz para escrever um romance, reconhece, na própria pergunta, que não é tão simples. Se fosse, já teria escrito o romance que almejava.

Não, não é fácil ser escritor. Sequer me acho digna de tal qualificação, pois me considero uma aprendiz-de-escritor metida a poeta, contista e cronista. Mas para aprender, só fazendo, não é mesmo?

Leio muito, gosto demais de ler, desde criança, desde que aprendi. De escrever também gostei desde que o alfabeto me foi apresentado, mas pouca gente pode realmente dizer que já nasceu escritor e, por isso afirmo categoricamente: não nasci escritora, muito menos poeta. E acho poesia muito mais difícil de escrever do que qualquer prosa, que já não é lá muito fácil.

Aprendi e aprendo a escrever todos os dias, principalmente poesia. Não falo de juntar letras, de fazer um relatório ou um parecer, falo da busca por tocar a alma das pessoas, e isso é tão difícil! E sendo a Literatura uma das sete artes, o candidato a escritor, no meu modesto entendimento, deve procurar tocar as pessoas de alguma forma, e é exatamente isso que busco incessantemente.

Penso que quem quer escrever como ofício, como arte, precisa ler o máximo possível. O exercício da leitura não apenas nos inspira, mas também nos apresenta a estilos, nos mostra marcas interessantes, maneiras de abordagem, musicalidade, enfim, penso que qualquer amante da leitura já tem certa afinidade com a escrita. Não à toa, minha preferência é pelos clássicos: por perdurarem ao longo dos séculos, sua riqueza artística está mais do que comprovada, os grandes mestres têm muito a nos ensinar. No entanto, devemos estar atentos aos nossos contemporâneos — atualização é fundamental!

Creio que também é preciso estudar. Não que todos tenham que frequentar uma faculdade de letras ou de jornalismo; eu mesma estudei biologia. No entanto, compreender a formação de um texto, ter domínio sobre o que se escreve, ter um enredo, seguir uma lógica, enfim, ter essas noções básicas de literatura me parecem indispensáveis. Em tempos de internet e de *e-books*, essa tarefa está bem facilitada. No YouTube, por exemplo, há vários canais com dicas de escrita, vídeos diversos com verdadeiros manuais. Isso, sem falar em cursos e oficinas online.

Por outro lado, nada substitui a boa e velha Gramática, e ter uma em casa (atualizada) pode nos salvar de algumas situações. É necessário ter domínio da língua que se pretende escrever e, verdade seja dita, a língua portuguesa é difícil. Esse é outro ponto no qual a leitura assídua pode contribuir, mas se o conteúdo da escola não foi captado (aquelas sintaxes todas servem precisamente para isso), aí, meu amigo, fica ainda mais difícil. De todo jeito, a internet pode ser a salvação de muita gente, e nunca é tarde para (re)aprender, né? E dá-lhe Gramática!

A criatividade é uma das principais características de um escritor razoável, e a leitura assídua é um bom gatilho para a criatividade, mas não basta. Há várias técnicas de criação que ajudam, disponibilizadas em cursos de escrita criativa na internet, em livros e cursos presenciais.

Talento é importante? Claro que é, mas isso não é privilégio de muitos, vamos combinar. Sem falar que todo talento pode ser lapidado com técnicas de escrita, e assim um texto bom pode ganhar mais robustez. Não faz mal algum, afinal.

A partir da experiência relatada pelo escritor Arturo Pérez-Reverte (este, sim, profissionalíssimo), por exemplo, criei esta crônica. O texto de Arturo foi minha inspiração para esta reflexão sobre a escrita, e aguçou minha criatividade para dissertar sobre o tema. De certa forma, ao escrever este texto, pude organizar meu próprio pensamento sobre "ser escritor", enfatizando a importância dessa capacidade que o artista tem de tocar as pessoas — e Arturo tocou-me profundamente. Serviu também para lembrar (que belo tapa-de-luva do espanhol!), que não é bem "qualquer um" que pode ser escritor.

Confesso, mesmo no final desta crônica e com um livro em ponto de bala para enviar à editora, ainda estou me sentindo muito "qualquer um". Há quem pense que tenho enorme facilidade para a escrita, mas não é bem assim. Já me perguntaram se tenho algum segredo para escrever. Não, nunca me vi dona de segredo nenhum. E se tive um dia, depois desta crônica não tenho mais.

De vampiros e bruxas

Em 2003, no Video Music Awards, Madonna deu um beijo de língua na Britney Spears, que estava arrebentando a boca do balão em sua carreira musical. Madonna estava de preto, Britney de branquinho angelical.

Depois do beijo da vampira Madonna, a vida de Britney tornou-se um inferno: ela pirou, e a situação chegou a ficar tão ruim, que seu pai teve que intervir.

Na época do beijo, Britney namorava o Justin Timberlake. Depois, o traiu e o namoro terminou. Em 2004, casou-se em Las Vegas, sob o efeito sei lá do que, mas o fato é que o casamento foi relâmpago: durou 55 horas. Depois casou-se de novo e teve dois filhos antes se divorciar, em 2006 — num curtíssimo espaço de tempo. Após o divórcio, a coisa desandou de vez, e ela raspou a cabeça, ao que parece sob o efeito de drogas. Aliás, era sempre fotografada bêbada e drogada. Tentou o suicídio. Foi considerada incapaz de cuidar de si própria e seu pai assumiu a tutela de seus bens e de sua fortuna. Perdeu a guarda dos filhos, tendo direito apenas a visitas regulares e supervisionadas, e levou tempo e terapia para conseguir reaver a guarda compartilhada. Em 2008, resolveu dar entrada em um hospital psiquiátrico. Depois disso, devagar, parece que as coisas foram se acertando. Mas esse inferno começou depois daquele beijo vampiresco, não há dúvidas!

Tudo bem que o *show business* é repleto de sexo e

drogas e, claro, o ambiente favoreceu demais essa fase infernal da Britney. Brincadeiras à parte com o beijo, é preciso reconhecer que há pessoas que sugam nossa energia, nos deixam cansados, desanimados, enfim, que nos atrapalham. A começar por aquelas bruxas que se alimentam da dor alheia. O evento mais importante a que podem comparecer (e não perdem de jeito nenhum!) é um velório. Ficam ali, fazendo uma cara piedosa, aparentando alguma tristeza, quando na verdade estão recebendo a energia que rege suas vidas. Ficam até depois do final, conversando com a família do falecido, sugando o máximo possível, quando, naquele momento, as pessoas precisam (e desejam) ir pra casa, encarar a realidade da ausência do seu ente querido. Acabado o assunto, saem energizadas, chegam em casa animadas, contando histórias do que viram e ouviram e, claro, fazendo planos para o dia seguinte. Conheço gente assim; geralmente são pessoas falsas, mentirosas e capciosas.

No ambiente de trabalho, todos temos oportunidade de conviver com os mais diversos tipos de pessoas. Eu mesma tive a experiência de conhecer uma certa senhora em cuja presença o clima era outro, pesadíssimo. Saía das reuniões com ela com um fiapo de alma, a cabeça explodindo, tinha apenas um resto de energia suficiente para voltar para casa. Felizmente, há algum tempo não vejo essa criatura. Mas, a partir de 2010, tive que me fortalecer para aguentar outra bruxa em reuniões de trabalho. E essa era muito pior, porque ainda por cima não tinha um pingo de educação, a ponto de outros participantes se desculparem comigo pelo mau comportamento da bruxa-vampira. Minha energia se esvaía a cada encontro com ela, e com a última que ela aprontou, simplesmente entreguei o cargo. Não vale a pena todo o desgaste quando se tem por perto um indivíduo cujo principal objetivo é sugar a energia e desacreditar o trabalho realizado. No entanto, apesar de suas inúmeras tentativas, seus métodos não eram tão eficientes;

ela não conseguiu me desqualificar e saí no auge, ficando patente que minha saída se deveu ao que ela me fez.

Na faculdade, ainda muito jovem, não percebi que era sugada por uma vampira-colega. Levei sete de oito semestres para notar, e só notei porque uma amiga me disse com todas as letras: "Ela suga tudo o que pode de você e se dá bem em cima de você". Foi aí que reparei que realmente a pessoa se colocava como minha amiga, mas além de se aproveitar de mim, tomava minha energia, eu vivia muito cansada e magra demais (dava pra ver minhas costelas, e a cabeça era até grande).

Durante essa época, tive uma experiência muito marcante. Exausta, dormia por uma hora aos sábados depois do almoço. Eu lutava para acordar, porque, afinal, tinha muita coisa para fazer. Quando eu acordava, me sentava e olhava para o sofá (fazia questão de dormir num lugar desconfortável, para não dormir demais), via meu corpo deitado, ainda dormindo. Não, não era sonho, eu levava o maior susto, deitava de novo e recomeçava a luta para acordar. Isso aconteceu pelo menos quatro vezes. Depois que eu me afastei da vampira, nunca mais isso ocorreu de novo, nem com as outras duas bruxas que mencionei anteriormente.

Mas a pior das minhas experiências vampirescas vivi na infância, nas ocasiões em que minha mãe recebia uma certa visita. Era essa pessoa chegar e tudo desandava em casa: nós, crianças, que estávamos brincando na santa paz, começávamos a brigar, brigas feias. Minha mãe ficava louca, coitada, e a bruxa só olhando (e gostando, suponho). Alguma lâmpada ou eletrodoméstico sempre queimava. Até em um acidente com um carro novo meu pai se envolveu: o carro, que estava em movimento (e tinha pouquíssimos quilômetros rodados), morreu do nada no meio da avenida, e ficou prensado entre dois ônibus, e isso ocorreu depois que o olhar da vampira cruzou com o dele. Essa vampira era poderosa: sugava a energia até da rede elétrica, roubava a energia de um automóvel, Ave, Maria! Credo em cruz!

Duvido que existam duendes e fadinhas. Mas bruxas e vampiros existem aos montes por aí, só neste texto dei quatro exemplos de sua intensa atividade. Alguns até têm alvo preferencial. Outros desconhecem seu poder maligno, e ele se manifesta de forma mais discreta, apenas sugando energia.

Pelo sim, pelo não, vale a pena umas rezas pra espantar os vampiros e bruxas que nos rondam. Afinal, sal grosso e reza de benzedeira não fazem mal a ninguém, não é mesmo?

Reflexões de vida e de morte

Indefectivelmente, ela virá, a morte. Não sabemos quando, ou onde, ou como, mas ela chegará. Quanto mais vivemos, mais nos aproximamos desse momento. Será possível preparar-nos para isso?

Parece-me que viver é o único "preparo" que temos para qualquer coisa. No entanto, alguns momentos em nossa vida são tão cruciais, que podemos até estar prontos, mas talvez não estejamos preparados. Não creio que estivesse preparada ao nascer, ou para nascer. Eu estava pronta após o período regular de gestação, mas preparo é outra coisa (e tem gente que nem está pronto, mas a medicina já deu um jeito).

Particularmente, tenho dificuldade de compreender essa coisa de preparo para momentos capitais de nossas vidas. Obviamente, eu não estava preparada para nascer; não tinha, como qualquer bebê, a mínima condição de sobreviver, não fosse o preparo da minha mãe (ainda que incompleto, como o das mães de primeira viagem). Verdade seja dita, ela se preparou para me receber, me alimentou, me limpou, me vestiu, me amou, me fez ser gente. Minha mãe e meu pai me prepararam para quase tudo na vida.

Também é possível afirmar que eu não estava preparada para ir à escola. O que me esperava? Quem me esperava? Como me comportar? Mas a professora (Tia Fátima, inesquecível) estava preparada para me receber e me introduzir no mundo das letras. A Tia Fátima e tantos outros professores me prepararam para compreender o mundo à minha volta (ou pelo menos tentar entendê-lo).

Resolvi ser bióloga meio no escuro; sempre amei biologia na escola, e a Profa. Ana Lúcia foi a grande inspiração para essa minha escolha. Mas, apesar de relativamente consciente, preparada mesmo eu não estava. Os professores e pesquisadores que abraçaram a missão de ensinar, sim, estavam muito bem preparados, e me prepararam para ser bióloga. Eles só não esperavam, assim como eu, que eu viria a ser dublê de bióloga e escritora.

Apesar de desejar muito, eu não estava preparada para mudar de cidade quando pintou a oportunidade. Até então, nunca havia me sustentado sozinha, mas aos 26 anos tinha consciência de que esse momento estava passando da hora. Saí de casa só com minhas roupas e uns poucos pertences (livros, um computador velho...) e dei meu jeito. Fui para outra região do país, fiz novos (e maravilhosos) amigos, me esforcei e alcancei, sozinha, o mesmo nível de vida que tinha na casa de minha mãe. Algumas coisas, claro, aprendi na marra.

Casamento. Para isso, eu não estava preparada, mesmo. Até porque estava muito tranquila em ser uma pessoa sozinha, depois de alguns relacionamentos frustrados. Mas aí apareceu alguém que mexeu comigo o suficiente (e, claro, não foi nada frustrante) para que eu topasse viver junto. Desde o início, fui muito consciente das responsabilidades que um casamento envolve, mas preparada, confesso que não estava. Ainda mais que o marido veio com um pacote completo: era separado, com duas filhas. Estava tão despreparada que tive dificuldade no início para lidar com tantas variáveis, mas admito que, após alguns anos, até me tornei uma pessoa melhor. Não me vejo com o mínimo preparo para ser mãe. E para isso, pelo menos por enquanto, não estou disposta a me "preparar". Adoro minha vida como está, não penso em mudá-la.

Finalmente, posso afirmar que não estou preparada para a morte (será que alguém está?). Nem para a minha, nem para a de ninguém, por mais que a pessoa esteja doente, por mais que seja algo esperado e desejado, já que pode significar o fim de um sofrimento, o merecido descanso. Não me sinto pronta (e muito menos preparada) para ver meus pais, meus irmãos, meu marido, minhas filhas-enteadas, meus amigos e qualquer um dos que amo morrerem. Talvez um dia eu me sinta pronta para morrer, ou mesmo deseje que a morte venha ao meu encontro. Estarei, exatamente, na mesma condição em que nasci: pronta, mas não preparada.

Se a morte é um mistério, a vida me parece outro ainda maior. Quem sabe a vida não seja senão o preparo de algo para o que nunca estaremos realmente preparados? Quem sabe a vida se resume a momentos de preparo para o próximo acontecimento?

Não sei, mas acho estranho viver. Como diz o dito popular, ninguém fica para semente. Então, por que viver? Por que temos o privilégio de nascer, enfrentar tantos desafios, experimentar o amor, alcançar grandes e pequenos feitos, para morrer ao fim de tudo o que fizemos? E aqueles que morrem sem terem feito tudo o que poderiam, e deixam em quem fica aquele vazio, aquela sensação de que seu tempo entre nós não se cumpriu plenamente? E os acidentes? Ninguém estava pronto, ninguém estava preparado.

O suicídio. Este me parece diferente. A pessoa se preparou para o momento, sentindo-se pronta ou não. Preferiu acabar com tudo ela mesma, conscientemente. Ela quis e escolheu ir ao encontro da morte. Cansou de viver? Não queria realizar mais nada? Não sei explicar, e tampouco recrimino. Mas tenho dúvida se estamos diante de uma pessoa corajosa ou covarde.

De um jeito ou de outro, a morte é inexplicável. E a vida, por mais que tenhamos explicação para quase tudo, me parece ainda mais difícil de compreender.

Enquanto a morte não nos visita, que possamos tentar estar ao menos prontos para o momento. Que ele não seja prematuro. Que ele seja de paz, que estejamos cercados de amor. E, sobretudo, que os outros e, principalmente, nós mesmos, sintamos que nossas vidas tenham valido a pena!

Vânia Gomes nasceu em Belo Horizonte, MG, onde viveu até 2001. Desde então, mora em Brasília. Graduada em Ciências Biológicas e Mestre em Genética, escreve por paixão. Sempre teve incentivo de sua família, especialmente de sua mãe, para dedicar-se à leitura, e quase prestou vestibular para Letras. Decidiu-se pela Biologia, mas continuou apegada à literatura. Depois de tanta leitura, resolveu escrever e se expor à crítica. É autora do livro *Histórias do Vaticano e Outros Contos*, lançado em 2014. *Catarses crônicas* é seu segundo livro, reunindo 20 crônicas inéditas e outras 20 selecionadas entre as publicadas semanalmente em seu website.

Site: http://www.vaniagomes.com.br.

www.ingramcontent.com/pod-product-compliance
Lightning Source LLC
Chambersburg PA
CBHW032013170626
46807CB00006B/2778